CARTA SOBRE A FELICIDADE

E OUTROS ESCRITOS

CB125351

EPICURO

CARTA SOBRE A FELICIDADE
E OUTROS ESCRITOS

Tradução do latim e apresesentação de
DAVID BEZERRA

www.lpm.com.br
L&PM POCKET

Coleção **L&PM** POCKET, vol. 1375

Texto de acordo com a nova ortografia.

Tradução: David Bezerra
Capa: Ivan Pinheiro Machado
Preparação: Nanashara Behle
Revisão: Luiza Gressler

CIP-Brasil. Catalogação na publicação
Sindicato Nacional dos Editores de Livros, RJ.

E54c
Epicuro
Cartas sobre a felicidade e outros textos / Epicuro ; tradução David Bezerra. – 1. ed. – Porto Alegre [RS]: L&PM, 2025.
176 p. ; 18 cm. (L&PM POCKET ; 1375)

Tradução de: *Letter to menoeceus*
ISBN 978-65-5666-549-8

1. Filosofia antiga. I. Bezerra, David. II. Título. III. Série.

25-95719 CDD: 180
CDU: 1(38)

Gabriela Faray Ferreira Lopes - Bibliotecária - CRB-7/6643

© da tradução, L&PM Editores, 2024

Todos os direitos desta edição reservados a L&PM Editores
Rua Comendador Coruja, 314, loja 9 – Floresta – 90.220-180
Porto Alegre – RS – Brasil / Fone: 51.3225.5777

PEDIDOS & DEPTO. COMERCIAL: vendas@lpm.com.br
FALE CONOSCO: info@lpm.com.br
www.lpm.com.br

Impresso no Brasil
Verão de 2025

Sumário

Apresentação

David Bezerra*

Sobre a tradução

Pela primeira vez no Brasil, a obra completa de Epicuro é publicada a partir de uma tradução direta do grego.** Não que antes ela tenha tido a tradução integral a partir de outras línguas, especificamente românicas e modernas, como o alemão, o inglês ou o francês. O que tínhamos era a tradução de partes separadas da sua obra: as "Máximas capitais" (traduzidas como *Máximas principais*), 2010, e *Sentenças vaticanas*, 2014, pelo professor aposentado da Unicamp João Carlos Kfouri Quartim de Moraes; uma pequena miscelânea de textos, cerca de dez páginas, traduzida por Agostinho Silva na coleção "Os Pensadores", 1985, e a "Carta a Meneceu" (traduzida como *Carta sobre a felicidade*), por Álvaro Lorencini e Enzo Del Carratore, editora da Unesp, 1999.***

---

* Doutor em filosofia pela Unicamp, com a tese *Diferenças e semelhanças entre os conceitos de felicidade em Epicuro e Sêneca*, 2012.

** A referência possivelmente se estenda, tratando-se da língua portuguesa, a qualquer outro país, visto que há uma edição lusitana na qual faltam apenas os fragmentos. Vide a bibliografia ao final do livro.

*** E, ainda, uma seleção de textos da Martin Claret, sem tradutor identificado, a partir do inglês. Referências bibliográficas completas ao final do texto.

A obra completa significa um conjunto de seis textos sobreviventes às vicissitudes do tempo e da história: "Carta a Meneceu", "Carta a Pítocles", "Carta a Heródoto", "Máximas capitais", "Sentenças vaticanas" e "Fragmentos". Cerca de apenas setenta páginas no original, o que pode dar a falsa impressão de que Epicuro tenha produzido pouco. Entretanto, ele foi bastante prolixo, tendo o seu principal escrito, *Sobre a natureza* (*Perí físeos*),* tomado nada menos do que 37 volumes. O que aconteceu ao restante de sua obra? Foi perdido ao longo dos séculos, o que certamente contribuiu para que ele fosse considerado um autor menor, se comparado aos titãs do período clássico, Platão e Aristóteles. Efeito colateral desse desaparecimento é o empobrecimento dos documentos relativos ao próprio período helenístico e o seu consequente rebaixamento em comparação aos outros períodos históricos e filosóficos, sem dúvida melhor datados e documentados. O que ocorre no período helenístico é uma sucessão de guerras, invasões e sublevações que desestabilizaram a vida civil e, dessa forma, colocaram as manifestações culturais, não apenas a filosofia, em segundo plano.** Compare-se esse momento com

* No original: Περί φὺσεως.

** Para os detalhes do período de dominação da Macedônia sobre a Grécia, consulta-se Paul Nizan, o qual, por exemplo, diz que: "Entre os anos 307 e 261 se sucedem 46 anos de guerras e confusões; o governo muda de mãos sete vezes, os partidos disputam o poder, a política exterior de Atenas se altera frequentemente. Em quatro ocasiões um príncipe estrangeiro estabelece seu mandato e modifica as instituições. (cont.)

o longo período de estabilidade no mundo clássico iniciado com o século de Péricles* (século V a.C.), o qual, ao menos, transmitia a sensação de segurança aos cidadãos, e que se estendeu, com seus altos e baixos, até a derrocada da cidade-Estado, a *polis*, e o advento do mundo helenístico, no qual o homem grego não mais era o senhor, contudo, o vassalo de um estrangeiro – a Macedônia.

(cont.) Três movimentos de insurreição são sufocados sangrentamente. Atenas sofre quatro cercos. Sangue, incêndios, morte, pilhagens: é o tempo de Epicuro. Atenas é vítima da miséria política e econômica. E a cidade, que havia conhecido uma espécie de verdadeira liberdade, não sabe como poderia estabelecê-la novamente. Essa consciência ateniense da liberdade definida pela constituição e da liberdade real que seus cidadãos desfrutavam, havia chegado ao fim. [...] Uma terrível incerteza preside a vida ameaçada pelo exílio, as denúncias, a morte, a miséria. As provocações e os assassinatos são os terríveis métodos políticos deste mundo condenado. A morte golpeia ao azar: nada se encontra protegido, de nada serve o poder ou a fortuna. [...] Um mundo concebido de maneira atemorizante. Uma das ambições epicuristas será a conquista da segurança" (NIZAN, Paul, *Les Matérialistes de l'Antiquité, Démocrite*, Épicure, Lucrèce. Paris: Sociales Internationales, 1938. p. 12-4).

* Estadista nascido em Atenas em 500 a.C. e morto em 429 a.C. na mesma cidade. Além de praticar uma política expansionista como estratego de Atenas, foi o responsável pela construção das grandes obras públicas da cidade, entre elas o Parthenon, e promoveu as artes e a cultura em geral. Tão marcante foi sua atuação que o seu tempo ficou conhecido como Século de Péricles, tendo o historiador Tucídides o chamado de "o melhor cidadão de Atenas".

Assim, a maior parte da obra de Epicuro salva para a humanidade o foi pela compilação de Diógenes,* integralmente as "Cartas" e as "Máximas capitais", e parcialmente as "Sentenças vaticanas". A outra, e maior parte dessas últimas, foi encontrada na Biblioteca do Vaticano pelo alemão Karl Voetke em 1888, daí ser denominada "Sentenças vaticanas" ou, na forma latina, *Gnomologium Vaticanum*. Tanto as "Máximas" quanto as "Sentenças" aqui são indicadas em sua correspondência umas com as outras, isto é, à frente delas os números correspondentes e coincidentes são apontados, permitindo ao leitor uma visão mais clara do produto historiográfico. Restam os "Fragmentos", os quais não se encontram em nenhuma dessas duas fontes e foram recolhidos em manuscritos encontrados principalmente durante a Idade Média, em diferentes partes da Europa e que, legítimos ou apócrifos, lançam luz sobre a obra de Epicuro ou sobre os estudos acerca da obra de Epicuro, são os chamados "Códigos".

Ainda que a presente tradução não cumpra todos os requisitos de uma tradução acadêmica, não oferecendo, por exemplo, o texto original para

---

* Diógenes Laércio (c. 200-250) é um historiador e doxógrafo do século III da era Cristã. O que é um doxógrafo? Aquele que reúne os textos de outro autor e os preserva para a posteridade, tendo o cuidado também de a eles somar um comentário e os dados históricos do texto e do autor. Diógenes compilou todos ou quase todos os autores da tradição grega antiga, dos pré-socráticos até os helenísticos. O texto no qual se encontra a coleção dos pensamentos, a história e a relação das obras dos autores antigos se chama "Vida e obra dos filósofos ilustres". O capítulo referente a Epicuro é o "Livro X".

cotejamento com o trabalho do tradutor, se procurou seguir os rígidos padrões que norteiam uma tradução correta e honesta e, consequentemente, uma tradução acadêmica ideal. Que padrões são esses? Desde os *Targumim*, tradução para o aramaico dos escritos sagrados judaicos, que buscava a fidelidade inatacável, no século III a.C., apareceram diversas correntes que versam sobre a teoria da tradução; tomemos como referência duas, a de Alexander Fraser Tytler, no século XVIII, e a de Umberto Eco, no século XX. O primeiro privilegiava a concentração do problema da tradução no texto, pregando, acima de tudo, o respeito às ideias originais do texto de partida (*Essay on the principles of translation*, ainda inédito em edição brasileira). O segundo, em *Dizer quase a mesma coisa*, considerava também as condições que cercam o tradutor e não apenas o texto a ser traduzido, introduzindo a ideia de "negociação", isto é, o tradutor precisa pensar igualmente no público que vai receber a obra traduzida e as suas condições de trabalho, o que vincula necessariamente o tradutor à presença da casa editora à qual apresentará o produto final. Aqui são adotados os parâmetros da extrema fidelidade ao texto original, tanto quanto possível, e de atualização de determinadas ideias e vocábulos, os quais, trazidos do original diretamente para a consciência dos leitores atuais, não faria qualquer sentido. O que quer dizer isso? Quer dizer que nem mesmo o melhor dicionário existente vertendo do grego antigo para uma língua moderna dá conta da língua original em sua totalidade ou adequação. A título de ilustração, tomemos o caso do termo *forá*. O Bailly, o melhor dicionário vertendo o grego antigo para uma língua românica e moderna, o francês, nos diz que φορὰ = φορᾶς = sf = ação de levar adiante, vento favorável, ação de aportar, paga, ação de mover-se, inclinação, carga, fertilidade, fecundidade, produção abundante, escola de filósofos. Ora, em nenhuma das frases da obra de Epicuro em que recorre o termo, ele se adequa a qualquer dos sentidos assinalados. O mais próximo é "ação de mover-se". Daí, devemos atualizar a terminologia para "movimento". O que pode parecer óbvio, mas aplicando-se as possibilidades a uma frase como, por exemplo: "οἱ διὰ λόγου θεωρητοὶ χρόνοι τὸ συνεχὲς τῆς φορᾶς ἕξουσιν", teríamos, na tradução literal: "Os tempos percebidos pela razão terão a continuidade da ação de mover-se", o que dificulta a compreensão para o leitor em língua portuguesa atual. Mas, "Os tempos percebidos pela razão terão a continuidade do movimento", facilita o trabalho de leitura, conferindo à frase uma familiaridade com a língua portuguesa. Porque em nenhum contexto usamos uma frase como "O corpo praticou a ação de mover-se àquela região", e, menos ainda, "O corpo praticou a ação de levar-se adiante àquela região". Contudo, diríamos simplesmente: "O corpo se moveu àquela região". Portanto, a atualização da língua é requerida para a compreensão clara do que é dito. Quanto à formalização textual simplificadora, explicamos que as edições canônicas dos textos de Epicuro, bem como as de todos os autores clássicos da Antiguidade, são numeradas parágrafo a parágrafo, a fim de facilitar o trabalho de estudiosos e pesquisadores. Todavia, à exceção das "Máximas capitais", das "Sentenças vaticanas" e dos "Fragmentos", os demais textos aqui não são numerados, pois não seguem a divisão de parágrafos, a fim de melhor fruição da leitura (uma vez que os originais apresentam longos parágrafos que poderiam, a princípio, cansar ou confundir, especialmente na "Carta a Heródoto", um tratado sobre física ou ciência da natureza). Por fim, devemos apontar as fontes específicas com as quais trabalhamos. Para a "Carta a Meneceu", a "Carta a Pítocles", a "Carta a Heródoto", as "Máximas capitais" e as "Sentenças vaticanas" (parcialmente, aquelas correspondentes a algumas das "Máximas"), evidentemente a fonte primária é Diógenes Laércio, no texto estabelecido, traduzido e comentado por Cyril Bailey em 1926, e o Diógenes editado, traduzido e comentado por Marcel Conche, professor emérito da Sorbonne, em 1987. E, como apoio, a edição da obra de Epicuro de Jean-François Balaudé, de 1994, e a edição inglesa da Loeb, tradução clássica de Robert Drew Hicks, de 1925. O texto original tomado como referência primeira é o que aparece na edição de Conche. Mas esse foi cotejado minuciosamente com o de Bailey, ainda porque Bailey é uma referência para Conche. Por que o tradutor não se deteve apenas em uma edição do texto original de Epicuro? Porque, por incrível que pareça, existem diferenças entre os textos originais reproduzindo Laércio. E um acordo absoluto não existe sequer entre eles. Isto é, o texto original de Epicuro aparece com ligeiras diferenças entre as edições e, portanto, as traduções não podem ser iguais ou completamente equivalentes. Os textos mais modernos estão consoantes e superam os mais antigos, ainda porque novos estudos sobre a obra epicurista foram aparecendo ao longo dos tempos. A tradução francesa (Conche), como era de se esperar, busca uma literalidade mais próxima do grego, o que torna a leitura simultaneamente mais arrastada e ampla; a inglesa (Bailey, Loeb), em compensação, oferece uma simplicidade que resolve pontos duvidosos ou de dupla interpretação tanto no grego como no francês. Por fim, é preciso dizer que toda tradução de um texto antigo necessariamente precisa ser aculturada: por mais que o tradutor conheça a língua de partida, ele não será capaz de resolver os conflitos e dilemas da tradução sem a consulta às outras traduções já existentes, seja na sua língua, seja em outras línguas de chegada.

Quanto às fontes para os fragmentos presentes nos códex B, P, Q, Co, H, W, F, Z, f, G, T e D,* elas se encontram todas na obra de Cyril Bailey; e os fragmentos versam sobre os mais diversos temas, desde justiça até as propriedades aquecedoras do vinho,

---

* Esses códigos mantêm mais ou menos fielmente o que foi preservado desde a Antiguidade, com revisões, adições e subtrações. São em número de doze e a maioria data da Idade Média: Código B (*Borbonicus Neapolitanus*), século XII; Código P (*Parisinus*), século XIV; Código Q (*Parisinus* revisado ou recopiado), século XIV e XV; Código Co (*Constantinopolitanus Veteros Serail*), séculos XIV e XV; Código H (*Laurentianus*), século XIV; Código W (Vaticano), século XIV; Código F (*Laurentianus* revisado ou recopiado), séculos XII e XIII; Código Z (*Lobcowicensis Raudnitzianus*), Código F (ou *Editio Frobeniana Basiliensis*, 1533); Código G (*Laurentianus* revisado ou recopiado) século XIV; Código T (Urbinas), século XV; e Código D (*Borbonicus Neapolitanus* revisado ou recopiado).

em forma de diálogo, passando pelas profecias e a natureza da morte.

Epicuro e sua escola

Epicuro nasceu em 341 a.C. e morreu em 271 a.C. Embora Laércio tenha dito apenas que ele se encontrava em Samos, ilha localizada no mar Egeu, quando criança, os autores modernos, como Carlos Lévy, asseguram que Epicuro nasceu em Samos.* Seu pai era Néocles, militar ateniense, e sua mãe, Queréstrata, sobre a qual mais tarde pairaria a acusação, por parte dos detratores de seu filho, de praticar bruxaria, sendo então provável que fosse uma espécie de curandeira. A condição de ser ateniense por origem seria muito útil a Epicuro, quando do estabelecimento de sua escola em Atenas, pois isso lhe conferia o direito de comprar ou possuir terras na cidade.

Por volta dos dezoito anos, Epicuro ou o "auxiliador" (tal é o significado de seu nome), vai para Atenas tanto a fim de estudar no grande centro que havia aglutinado os maiores pensadores da Antiguidade, entre eles, Sócrates, Platão e Aristóteles, como para cumprir dois anos de serviço militar obrigatório. Essa sua primeira estadia na "cidade púrpura" decorre até o ano de 323 a.C., quando acontece a morte de Alexandre, o Grande, e com essa, as sublevações que tentaram destruir o domínio macedônio sobre a Grécia instituído pelo próprio Alexandre e seu pai, Filipe II, no ano de 338 a.C., após a Batalha de Queroneia. Explica-se o contexto histórico: tratava-se do tempo

* *Les Philosophies Hellénistiques*, p. 25. Librairie Génerale Française, 1997.

do colapso das grandes cidades-Estados da Grécia: Atenas, Esparta, Tebas, entre outras. A identidade grega, da qual os gregos muito se orgulhavam, por sua grandiosidade e realizações nos campos das artes, da ciência e da filosofia, estava se perdendo para sempre. Aristóteles foi o último grande pensador helênico, Epicuro, o primeiro da era helenística.* E o tempo helenístico marca a decadência da democracia grega; as cidades-Estados, que apenas em momentos de guerra contra um inimigo exterior se aliavam, transformaram-se na primeira vítima do império nascente ao norte: a Macedônia. Filipe II, o caolho, pai de Alexandre e marido de Olímpia, solidificou o estado macedônico e começou o processo de expansão ao Oriente, cujo objetivo inicial era a Pérsia de Dario III (~380 a.C.-330 a.C.). Poucos dias antes da partida, todavia, Filipe foi morto por seu ex-amante, Pausânias, o qual havia sido negligenciado pelo rei. Alexandre, que aos dezesseis anos já havia conquistado uma cidade, demonstrando sua excelência como guerreiro, assumiu a tarefa do pai e a levou a limites imprevistos. A guerra com a Grécia foi iniciada por essa, sob a influência e estímulo do orador Demóstenes,** e Queroneia é o nome da região

---

* Período helênico: séculos VI, V e IV a.C.; o período ou era helenística o sucede. Ver também a última nota da apresentação.

** Figura de grande influência na vida grega e excelente orador, 384-322 a.C., tendo escrito primores da língua grega, como *A oração à coroa*, *As filípicas* e *As olínticas*, e também de personalidade dupla, já que não resistia a um bom suborno (julgado e condenado pela assembleia ateniense no caso Harpalus). Foi exatamente Demóstenes (cont.)

na qual se deu a batalha que determinaria o destino da anteriormente gloriosa Grécia e do nascente império macedônico.

Epicuro retorna a Atenas cerca de dezesseis anos depois, com 34 anos de idade, homem maduro e disposto a instituir a sua própria escola de filosofia, visto que durante esse hiato, vivido em Cólofon, ele realizara os seus estudos solitariamente e já aglutinava em torno de si os discípulos que o acompanhariam em sua empreitada.

Nos limites de Atenas, ao longo da estrada que levava à Academia, em 307 ou 306 a.C., Epicuro levanta a sua escola, conhecida como "O Jardim". E leva esse nome exatamente por conta de haver um jardim na propriedade escolhida. A novidade introduzida pela escola de Epicuro é a aceitação de mulheres e estrangeiros, coisa proibida nas instituições de Platão (a Academia) e de Aristóteles (o Liceu). E, além disso, a escola de Epicuro pretendia ser algo mais, uma verdadeira autarquia nos domínios da cidade-Estado de Atenas. Isolados do mundo externo, Epicuro e seus discípulos, entre eles os irmãos Metrodoro e Timócrates, Leonteus e sua mulher Temista, Colótes e Idomeneu, todos de Lâmpsaco e Hermarco, de Mitilene e, ainda, a prostituta Leontion, a qual se tornaria mulher de Metrodoro, o mais fiel discípulo

---

(cont.) quem deu a ocasião para que Filipe invadisse a Grécia, posto que partiu dele a ideia de recusar a última proposta do acordo diplomático entre os países, que estavam prestes a entrar em combate, e aqui não se pode negar coerência ao orador, posto que ele havia promovido uma campanha contra a presença (e ameaça real) macedônica.

de Epicuro, praticavam a filosofia e não a estudavam de forma acadêmica e histórica; procuravam vivenciar seus princípios, baseados no controle de si ou dos desejos, no conhecimento das regras de funcionamento da natureza e na simplicidade.

O Jardim, portanto, era mais do que uma escola de filosofia, era uma forma de vida que procurava proteção contra a instabilidade em que viviam os gregos nos tempos de dominação. E à dominação macedônica se sucedeu a romana, e, depois dessa, a do império otomano. Por outro lado, reflete o que era a filosofia de Epicuro que pode ser resumida em uma frase: em ti mesmo encontrará a tua paz e a felicidade. Epicuro e os seus discípulos eram avessos à ideia socrática de participação do filósofo na vida política da cidade, o filósofo-cidadão, tanto quanto rejeitavam a ideia platônica de que o filósofo governasse a cidade, o filósofo-rei. Diante do quadro caótico da política e da sociedade em seu tempo, Epicuro preferiu se retirar em um isolamento que ele acreditava salutar. E, obviamente, é salutar o afastamento dos problemas, das guerras, do humano manifesto naquilo que ele tem de mais baixo; no entanto, é inocência pensar que uma autarquia sobrevive dentro de uma estrutura política maior se essa não o permitir; quer dizer, a autarquia de Epicuro, o Jardim em Atenas, sobreviveu por anos porque a cidade que a abrigava e seus cidadãos assim o permitiram. E o permitiram porque viam em Epicuro e seus pares uma excentricidade inofensiva. Epicuro fazia questão de pagar todos os tributos devidos à cidade e respeitar todos os seus costumes e leis, e mesmo o respeito aos seus deuses ele praticava, ainda que em seu sistema filosófico não coubesse a ideia de deus tal qual ela existia no panteão grego: para Epicuro, os deuses existem, mas eles são surdos ou indiferentes aos apelos humanos, vivendo nos espaços *intramundos* e ocupados apenas em gozar da sua perfeita beatitude. Qual a razão de Epicuro respeitar os deuses da cidade? O medo. Especificamente, o medo de ser acusado de *asebeia* ou impiedade contra os deuses, o mesmo crime que havia mandado Sócrates para a prisão e a morte séculos antes.*

O pensamento de Epicuro

A filosofia de Epicuro tinha um único propósito: a felicidade.

Ao longo de toda sua obra e especialmente na "Carta a Meneceu" e na "Carta a Heródoto", ele abertamente diz que o escopo superior do pensamento é trazer a felicidade aos homens, e assim ele deve ser direcionado exclusivamente a esse fim. O resto é perda de tempo. Ou erudição vazia. Inclua-se aí toda a obra de Platão e a insuperável obra de Aristóteles.

Consequentemente, o tema da filosofia de Epicuro deveria ser exclusivamente a moral ou a ética; no entanto, ele se divide ou se multiplica também em física ou ciência da natureza. A lista completa dos trabalhos do mestre presente em Laércio é a seguinte: *Sobre a natureza* (37 livros); "Sobre os átomos e o vazio"; "Sobre o amor"; "Resumo das objeções contra os

---

* Acrescenta-se que Sócrates foi acusado também de corrupção dos jovens.

físicos"; "Contra os megáricos"; "Incertezas"; "Máximas capitais"; "Da escolha e da recusa"; "Sobre o fim"; "Cânon"; "Quaeredemus"; "Sobre os deuses"; "Da piedade Hegesianax"; "Da vida humana" (quatro livros); "Do justo acordo"; "Neócles" (dedicado a Temista); "Simpósio"; "Euríloco" (dedicado a Metrodoro); "Da visão"; "Dos ângulos nos átomos"; "Do toque"; "Sobre o destino"; "Teorias das sensações"; "Contra Timócrates"; "Descoberta do futuro"; "Introdução à filosofia"; "Das imagens"; "Das aparições"; "Aristóbolo"; "Sobre a música"; "Sobre a justiça e as outras virtudes"; "Dos benefícios e da gratidão"; "Polimedes"; "Timócrates" (três livros); "Metrodoro" (cinco livros); "Antidoro" (dois livros); "Teorias sobre doenças e a morte" (para Mitras); "Calístola"; "Do reinado"; "Anaxímenes" e "Correspondência".

E qual a razão de o filósofo desviar de seu tema único e central para aportar em um assunto aparentemente tão distante, a fisiologia, física ou ciência da natureza? A resposta ele mesmo oferece em diversos momentos de sua obra, por exemplo, na máxima capital de número XII (sentença vaticana 49), no início da "Carta a Pítocles", ao final da "Carta a Heródoto" e por toda a "Carta a Meneceu": desmistificação.

De acordo com o diagnóstico de Epicuro, muitos homens contemporâneos a ele eram tomados por medos infundados, confundindo as forças da natureza com manifestações divinas. Assim, eles carregavam na alma um temor que os impediam de ser felizes. E que temor era esse? O do castigo divino manifesto nas forças da natureza; dessa forma, um ciclone, um furacão ou mesmo uma tempestade de raios era confundida com o descontentamento dos deuses em relação às atitudes dos homens, que lhes puniam arruinando as suas propriedades, como embarcações e plantações; o temor podia significar também a promessa de um castigo ainda maior após a morte.

Consequentemente, colocava-se esse temor como um obstáculo ao alcance da felicidade. Urgia removê-lo. E, para tal, Epicuro dedicou-se profundamente ao estudo da natureza a fim de explicar aos homens que mal a interpretavam, pois daí, conhecendo o que é a natureza, o cosmos e como se processam os seus fenômenos, eles teriam o espírito liberto de suas preocupações infundadas e o caminho livre para o encontro da felicidade, já que essa se define exatamente como a combinação da *ataraxia* com a *aponia*.

A divisão temática leva a uma divisão metodológica: o tema *moral* requer um método para atingir a felicidade e o tema *física* demanda outro para compreender o funcionamento da natureza. Recordando sempre que o segundo é um acólito relativamente ao primeiro.

Para o alcance da felicidade ou *eudaimonia*, aquele que a procura deve abandonar os falsos guias que determinam suas ações e seu espírito, como o temor, a superstição e as orientações religiosas, e seguir o que prescreve a filosofia; essa é o legítimo guia que leva à procurada felicidade, que determina o bem-estar e a paz; e aqui chegamos à definição de felicidade segundo Epicuro e seus pares: a combinação de *ataraxia* ou a ausência de perturbação na alma com a *aponia* ou ausência de dor no corpo. Ao contrário de Aristóteles, que definia felicidade como o arranjo de virtudes e a posse de determinados bens materiais, os chamados "bens indiferentes", os mais simples para a sobrevivência, e de Platão, que centrava exclusivamente nas virtudes do caráter a força para a beatitude, o que implicava na dimensão pública do cidadão, Epicuro depositava estritamente no indivíduo a causa e a responsabilidade por sua felicidade.

A felicidade de Epicuro, consequentemente, pode ser dita *negativa*, isto é, ela não se encontra na posse de um bem material ou de algo que possa ser acrescentado à existência do sujeito, como o encontro do amor. O simples bem-estar, ou o simples estar no mundo é definido como felicidade, desde que não venha acompanhado de problemas no espírito e de dores no corpo. Nesses termos, não sou feliz porque estou amando uma pessoa ou porque possuo um bem material, como uma casa, há tanto sonhado. E, inversamente, não me faço infeliz porque não sou amado pela pessoa desejada ou porque habito uma simples mansarda. Sou feliz somente porque tenho saúde corporal e equilíbrio mental.

A questão se concentra agora em como atingir esses dois pilares que sustentam a felicidade. Para o corpo, a receita é uma alimentação frugal e a fuga dos banquetes faustosos. O próprio Epicuro, de acordo com os historiadores, se alimentava à base de pão, água e queijo. Nada além é dito, o filósofo não recomenda a prática de exercícios físicos e coisas semelhantes. O que está na contramão do que prescreve a medicina moderna e mesmo a antiga, pois já Platão indicava a prática de exercícios físicos na formação do cidadão.

Ainda que tenha a indiscutível virtude de reconhecer que o homem é composto de corpo e alma, não cometendo o erro de depositar somente na porção imaterial do ser a causa para a felicidade e, pois, para a infelicidade, Epicuro de certo modo negligencia o corpo, se concentrando quase que absolutamente no espírito ou na mente do indivíduo; é aí que se encontra, segundo ele, a fonte dos maiores impedimentos para a obtenção da felicidade. Ou seja, o espírito é mais suscetível a ataques patológicos do que a própria matéria. E de onde vêm esses ataques? Para utilizar um termo moderno, da cultura.

A cultura é a responsável por introduzir na alma ideias e pensamentos que a desvirtuam e a levam para longe do caminho da felicidade. Claro que Epicuro não faz uso desse termo, mas expressamente fala da *paideia*, ou educação, referindo-se a uma cultura que ele considera inútil, e, por outro lado, deduzimos de suas falas que ela também é a responsável pela introdução de uma artificialidade nos desejos, outra causa de perturbação e, consequentemente, de infelicidade. Sem mencionar os falsos pensamentos introduzidos pela religião. Especificamente, são os seguintes os males que afligem as almas dos contemporâneos de Epicuro: o temor a deus, o medo da morte, o desejo descontrolado e a incapacidade de suportar a dor. Como se trata de quatro causas para a perturbação da alma, ele propõe quatro remédios para curá-las, o célebre *Tetrafármakos*, o qual, na verdade, mais apropriadamente deve ser entendido como um remédio único agindo em quatro pontos, pois se trata de uma reversão dos quatro males. Para a cura da alma Epicuro prescreve, no caso do temor aos deuses, a piedade em relação a eles; para o temor da morte, ficar totalmente destemido, posto que a morte nada representa para nós, os vivos; para o desejo ilimitado, a consideração do limite da natureza, ou seja, devido à condição limitada do homem, ele não precisa de uma extrema riqueza para viver, posto que não lhe é necessário mais do que uma cama para dormir e roupas caras para se vestir, porém, roupas que o protejam contra o frio ou o calor etc., o que faz dos bens materiais, ou, na linguagem dos filósofos, bens indiferentes, um objetivo fácil de atingir; e, por fim, em relação às doenças, suportar a dor, pois a dor sendo aguda a sua duração é breve e, sendo crônica, é tolerável.

O modo de aplicação da medicação é atualizado por meio da filosofia, o grande médico curador das almas. Entretanto, aqui se deve ter muito cuidado! Não se deve correr a uma academia de filosofia, ou, para tomar a terminologia atual, a uma universidade, e fazer a inscrição em um curso de filosofia, psicologia ou disciplina afim, com a expectativa de encontrar a felicidade. Aqui a medicina, o remédio, é autoaplicável: o próprio interessado deve praticar a filosofia específica recomendada para o seu caso, e não procurar a instrução filosófica. Ele não precisa se instruir sobre Demócrito de Abdera ou Plotino, todavia, estudar e praticar os preceitos recomendados por Epicuro. Não que isso faça do mestre um rígido aplicador de regras, contudo, uma espécie de farol que ajuda o capitão a atravessar o mar com seu barco durante a tempestade. E que preceitos são esses? De acordo com o *Tetrafármakos*, simplicidade no viver, aceitação do inevitável e esclarecimento. A simplicidade no viver faz compreender que não precisamos de muito para ser feliz, e assim rechaçamos o desejo ilimitado, o qual traz a angústia da expectativa de sua realização e a frustração quando ele não é realizado. A aceitação do inevitável nos faz entender que a dor é parte do curso natural da vida e que, ao mesmo tempo em que tentamos pará-la, devemos aprender a conviver com ela, e, por fim, o esclarecimento liberta de preocupações inúteis trazidas por informações equivocadas ou interpretações pervertidas de fatos sociais ou fenômenos naturais; por exemplo, não devemos temer a morte porque ela é insensibilidade absoluta, e sendo insensibilidade absoluta, nada percebemos quando mortos, daí a morte nada significar para nós. E um fenômeno como o terremoto ou o furacão nada possui de sobrenatural, existem causas na própria natureza que os explicam, e as entendendo desfazemos a associação que as religiões frequentemente promovem entre eles e o humor divino, a fim, claramente, de penhorar as ações dos ignorantes e domesticá-los da forma que lhes for conveniente.

Aqui entramos no método da ciência natural, física ou fisiologia. Já sabendo que ele existe apenas enquanto auxiliar no propósito maior do pensamento epicurista para explicar como a natureza funciona e libertar do pensamento que vincula natureza e divindade, devemos demonstrar como funciona.

Seu método se baseia na observação e na lógica negativa dos fenômenos. Epicuro, para esclarecer os fenômenos próximos a nós, por exemplo, o fogo, a refração da luz e o eco dos sons, encontrados na lareira da casa, em um copo d'água contendo um graveto e nas montanhas, se utiliza da observação direta e em várias ocasiões. A partir da constância e repetição dos fenômenos de acordo com um padrão determinado, ele dirá que o fenômeno assim ocorre, e não de outra maneira, sem, no entanto, buscar além uma causa para ele. Por exemplo, sobre o graveto que parece quebrado dentro de um recipiente com água, ele vai dizer que é dessa maneira que funciona o fenômeno da refração e nada mais, sem estabelecer uma teoria para a luz ou para a propagação da luz.

Esse método de investigação é transferido para os fenômenos distantes, os fenômenos celestes. E, de idêntica maneira, eles são explicados. Tome-se o exemplo do eclipse do Sol e da Lua. Epicuro não diz que ele tem uma causa única, mas observa: durante o eclipse, esses astros *podem* ser extintos de forma transitória, retomando depois a sua condição. Por outro lado, ele *pode* acontecer devido à interposição de um corpo entre a Terra e o Sol ou a Lua. O importante é que a hipótese não negue o critério de verdade, que vem a ser a observação pelos sentidos, no caso, a visão. Epicuro admite ambas as hipóteses e outras para o fenômeno, e ele não está preocupado se aparecerão outras hipóteses mais verossímeis, pois, então, será obrigação de quem assim o desejar, negar a sua hipótese e demonstrar que a sua observação estava errada. Pergunta-se: em seu tempo havia condições de algum cientista ou filósofo demonstrar que o Sol ou a Lua *não* "morrem" ou são destruídos momentaneamente durante o eclipse? Ou de demonstrar que um corpo opaco *não* é colocado entre a Terra e o Sol ou a Lua durante o eclipse? A resposta não importa. Desde que a nova hipótese não contradiga as evidências sensíveis. Nesse espectro de possibilidades, uma das hipóteses admitidas será a verdadeira; ou A, ou B, ou C, etc. Ou, ainda, mais de uma. Trata-se de um método disjuntivo e não afirmativo, e o seu critério de verdade é: primeiro a ideia, o pensamento ou a hipótese precisa ser confirmada e depois não infirmada. Temos aí o verdadeiro. Mas se ela não é confirmada e depois é infirmada, temos então o falso. O método aplica-se igualmente ao chamado *tò adelon** ou o "invisível". Quer dizer, o método de investigação com base na verificação por meio dos sentidos é aplicado ao plano atômico. Mas como dar conta através dos sentidos daquilo que não se pode ver? Considerando que o visível é uma das dimensões da sensibilidade? Apelar a um dos demais sentidos? Aqui entra em cena a lógica de Epicuro, a sua lógica negativa. Mesmo as suposições não podem contradizer as evidências sensíveis. Assim, o que é suposto para o plano atômico não pode contradizer o plano sensível, deve haver uma sintonia entre os dois planos, tal como existe entre o plano terreno e o plano cósmico, no final promovendo-se, ao menos, uma harmonia de pensamento entre os planos cósmico, terreno e atômico. Em seus textos, notadamente na "Carta a Heródoto", veremos frequentemente a seguinte frase: "Não é impossível que". Ou seja, Epicuro não infirma a possibilidade da ocorrência de um fenômeno devido à determinada causa, em qualquer dos planos, mas prefere afirmar que, no caso devido, nada existe que impeça sua ocorrência.

---

* τὸ ἄδηλον.

As obras

Resumidamente apresentando as obras de Epicuro sobreviventes, temos as "Máximas capitais", cujo tema principal é a justiça, as "Sentenças vaticanas", concentrando-se na amizade, a "Carta a Meneceu", levando o tema felicidade ao horizonte, a "Carta a Pítocles", os fenômenos celestes, sendo esses entendidos como tudo o que acontece nos céus, desde a passagem de um cometa até a ocorrência de uma geada, e a "Carta a Heródoto", trazendo a teoria da ciência de Epicuro; aqui é explicado como funciona o seu método de pesquisa e o modo de funcionamento do universo nos seus planos visível (ou sensível) e invisível (compreensível apenas pela razão). Os fragmentos versam sobre múltiplos assuntos, desde a moral e a amizade, chegando até a nutrição, e incluem trechos de cartas dirigidas a amigos e discípulos. Antes da apresentação de cada obra, oferecemos uma explicação detalhada do seu tema e dizemos como ele é tratado.

Qual a importância de Epicuro e a importância de ler Epicuro hoje?

Para os leitores cultos e os leitores acadêmicos, a leitura de Epicuro nos dias presentes se justifica pelo simples fato de ser ele um autor clássico e se encaixar na história do pensamento ocidental de forma necessária. Pois como seria pensar a história do pensamento ou da filosofia simplesmente excluindo um de seus personagens?

A tese é impensável, ainda porque Epicuro se insere na época helenística da filosofia, a qual não conhece outra superior em duração, começando no século III a.C. e se estendendo até o século III da era cristã,* abrangendo as duas grandes línguas antigas, o grego e o latim, essa última tendo legado à humanidade autores como Lucrécio, Sêneca e Cícero. Ignorar Epicuro e o epicurismo, por outro lado, seria deixar uma lacuna na compreensão do pensamento cético e na filosofia estoica, contemporâneas suas e com as quais estabeleciam um diálogo, ainda que Epicuro buscasse o isolamento e alegasse, delirante, que tinha começado a filosofar a partir de si mesmo, negando toda a tradição filosófica que o precedeu. E apenas para retomar brevemente o período, não apenas Epicuro buscou o isolamento, já que os estoicos capitaneados por Zenão de Cítio ergueram o Pórtico (*Stoa*), e os temas centrais do epicurismo, a felicidade e a sobrevivência em tempos difíceis, igualmente ocupavam lugar central em ambas as outras filosofias helenísticas. Quer dizer, nesse período histórico, tanto ou mais do que em qualquer outro, há uma conexão direta entre pensamento e contexto social e político.

Para o leitor interessado em informar-se sobre Epicuro e não se especializar nele, aqui ele encontra a ocasião de fazer os primeiros contatos com o filósofo por meio das informações básicas dispostas na apresentação geral e pelas informações específicas

* Os períodos histórico e filosófico não coincidem: o fim histórico do período helenístico é datado em 30 a.C. com a morte de Cleópatra Lágida no Egito. Mas a escola de Epicuro sobreviveu até o século III da era cristã e os autores latinos ou escreviam em grego (Marco Aurélio) ou são devedores em grau profundo aos pensadores helenísticos gregos, como Sêneca e Lucrécio.

oferecidas antes de cada texto. E, em relação aos textos traduzidos, a sugestão é que leia as "Máximas capitais", as "Sentenças vaticanas" e os "Fragmentos" antes dos escritos longos, e que ordene a leitura desses começando pela "Carta a Meneceu", depois indo para a "Carta a Pítocles" e chegando, finalmente, à "Carta a Heródoto". A ordem cronológica dos textos não é conhecida. A ordem sugerida obviamente respeita a complexidade crescente envolvida no caso. Dessa forma procedendo, o leitor penetrará lentamente na obra do filósofo helenístico, podendo desfrutar de toda a sua agudeza em qualificar a vida humana e suas tensões no tecido social e, por outro lado, entender sua ciência da natureza de certo modo ingênua, mas cujo objetivo transcendia à ciência e visava ao principal na existência. Ou existe erro em afirmar que a busca mais gloriosa dos homens é a busca da felicidade?

Carta a Meneceu
[Carta sobre a felicidade]

A "Carta a Meneceu", popularmente conhecida como "Carta sobre a felicidade", é uma das três cartas ou epístolas de Epicuro que "sobreviveram" à passagem dos séculos e ao processo seletivo, caótico ou teleológico da história. As outras duas são a "Carta a Pítocles" e a "Carta a Heródoto".

E por que o mestre do Jardim teria adotado essa forma particular de comunicação? Tão rara no mundo grego e ausente dos pensadores clássicos? Apenas por uma questão de praticidade. Ao menos assim nos assinala o caráter de Epicuro. Meneceu devia estar fisicamente distante, bem como os seus demais destinatários e, sendo assim, a carta se mostrava a melhor solução para resolver o problema da comunicação de seus ensinamentos. Avesso aos refinamentos em geral e ao refinamento intelectual em particular, Epicuro não veria nas cartas uma invenção literária especialmente interessante, muito embora sejam tanto um modo de falar diretamente a alguém como uma forma indireta de falar ao mundo. Vários autores seguiriam seu caminho, como Sêneca no século I da era cristã e René Descartes, o qual trocava cartas de cunho filosófico com a rainha do Palatinado.*

Quando da leitura da presente carta devemos nos perguntar qual o seu tema e quem viria a ser Meneceu.

O tema da carta é a felicidade e o caminho para chegar a ela.

Meneceu, alguém preocupado com a própria situação anímica, de angústia ou infelicidade, visto que a pergunta pela felicidade não cabe a alguém que está completo ou feliz, esse trata apenas de desfrutar de seu bem, mas a alguém tomado pela dúvida e pela dor. Talvez Meneceu fosse um jovem às voltas com as questões típicas da sua idade, como a sensação de deslocamento no mundo e a solidão, talvez fosse um velho tomado pelo temor de morrer sem ter alcançado aquele que parece ser o propósito da existência humana. Certo mesmo é que a figura de Meneceu é prototípica da condição humana: por um lado, frágil e suscetível aos eventos do destino; por outro, ansiosa em realizar a plenitude da vida. Entre os dois extremos, a ignorância, a qual, ao mesmo tempo, pode conduzir ao final feliz por meio do alcance das respostas adequadas para o bem viver, ou levar a uma estrada de ruína irreversível.

Obviamente Epicuro não foi o primeiro filósofo a tratar do tema felicidade, entretanto, é certamente o mais conhecido por lidar com esse assunto. A que isso se deve?

---

* Confira-se, por exemplo, a edição das *Correspondências entre Descartes e Elisabeth* pela Librairie Philosophique J. Vrin, Paris, 1989.

Antes de Epicuro, muitos pensadores se dedicaram ao problema. De Tales de Mileto a Aristóteles.

Tales (624-546 a.C.), considerado o primeiro filósofo ocidental, dizia que o homem feliz possui o corpo são e forte, a alma bem formada e boa sorte. Quer dizer, dos quatro elementos que compõem a sua ideia de felicidade, apenas um depende inteiramente da vontade humana: a boa formação da alma. Pois a saúde e a fortaleza do corpo dependem parcialmente do arbítrio próprio, sendo possível tanto preservar a saúde por meio de boas práticas quanto inadvertidamente contrair uma doença, e a boa sorte está completamente fora do alcance humano; pois um evento incontrolável igualmente pode atingir a qualquer um a qualquer momento, por exemplo, a morte ou a deficiência física em um acidente ou a miséria econômica a partir do roubo ou da falência não calculada de alguma empreitada.

Este elemento, o acaso ou *tyche* será totalmente abolido da ideia de felicidade por Epicuro e pelos grandes filósofos clássicos.

A felicidade, ou *eudaimonia* como a ela chamavam os gregos, no pensamento de Sócrates de Atenas (469-399 a.C.) dependia exclusivamente da virtude e da justiça; ou seja, para alcançar a felicidade bastaria aos homens serem apenas virtuosos, já que a virtude inclui em si o conceito de justiça. Desconsiderando-se todo o entorno material e as condições sociais da existência. Sua visão de felicidade é completamente idealista. E esquecia que o homem não é apenas alma, mas também corpo. Para descaracterizá-la, pensemos na seguinte hipótese simples: o mais virtuoso dos homens consegue ser feliz sem ter o que comer? Talvez o pensador estivesse combatendo aqueles materialistas que pensavam que toda a felicidade se reduz à satisfação das vontades e necessidades materiais, mas igualmente ele radicalizou sua posição, ocultando que o ser humano é também matéria, carne e osso.

O discípulo mais célebre de Sócrates, Platão de Atenas (427-347 a.C.), partilhava integralmente da tese do mestre sobre a felicidade, tendo, inclusive, promovido sua radicalização, ao construir um mundo ideal transcendente ao mundo material, sendo que apenas nesse o bem supremo ou a felicidade seria alcançada. A ideia de Platão era estimular os homens à prática da virtude e da justiça, mas muito bem pode os ter desestimulado, pois uma pergunta caberia na boca de muitos homens: por que tentarei obter o inalcançável? Não será melhor me contentar com o possível? E me acomodar em minha pequenez? E não é difícil imaginar que dessa restrição o homem se sinta inclinado a buscar o lado oposto da virtude, a prática do mal. A seu favor, lembramos que a definição platônica de felicidade estava vinculada à ética, e essa pensava a felicidade dos indivíduos atrelada ao bom funcionamento do Estado. O que, em compensação, tenta alinhar duas posições virtualmente irreconciliáveis, pois a felicidade do indivíduo dificilmente coincide com a felicidade do Estado; esse deve zelar para que os cidadãos alcancem o que individualmente pensem ser a felicidade. O Estado deve patrocinar, na verdade, o seu bem-estar.

Um discípulo menos célebre de Sócrates, Antístenes (445-365 a.C.) traz uma novidade importante ao conceito de felicidade: a autarquia (*autarqueía*) ou autossuficiência. Para o filósofo, o homem feliz é o homem autossuficiente, ou que depende dos outros homens tanto quanto é impossível viver isoladamente. Conceito valoroso para Epicuro, o qual fundamentou o próprio conceito de felicidade sobre esse pilar, criando uma comunidade na qual procurou se isolar do resto do mundo e com esse manter comércio no limite do necessário.

Aristóteles (384-322 a.C.), o último filósofo do período helênico, diz claramente na *Política* que a função do Estado é promover a felicidade dos cidadãos, e por essa razão existem os Estados ou as cidades. Em relação ao seu mestre, Platão, faz uma mudança crucial, um verdadeiro ganho na ideia de felicidade, pois desvia os olhos do mundo ideal para o mundo real, no conceito de felicidade somando à virtude da alma os chamados "bens indiferentes". O que são esses "bens indiferentes"? Os bens materiais em geral, uma casa para morar, roupas para vestir e alimentos para comer. Sem falar da boa saúde e da condição social, pois é melhor ser livre do que escravo e ser cidadão do que estrangeiro, por exemplo. E, visto que ele define o homem a partir da racionalidade de sua alma, a atividade pensante representa um elemento indispensável para o alcance da felicidade.

Epicuro aparece a seguir juntamente com os filosóficos estoicos e os céticos. A felicidade torna-se um tema comum e muito significativo entre eles, possivelmente devido às condições sociais desastrosas que se seguiram à destruição da *polis* com o advento do império macedônico começado por Filipe II e continuado por seu filho, Alexandre, o Grande.

A marca que traz Epicuro e assegura sua popularidade, respondendo à pergunta posta mais atrás, é a simplicidade com a qual ele trata o tema. Certamente ele não foi o pensador mais erudito ou o mais completo do mundo antigo, no entanto, sua opção pela simplicidade e pelo tratamento direto do tema colaborou para que se tornasse amplamente conhecido quando o assunto tratado é a felicidade. Autores posteriores, como Sêneca, Santo Agostinho, Santo Anselmo, Tomás de Aquino, John Locke, Leibniz, Immanuel Kant e Bertrand Russell voltaram a tratar do tema, no entanto, esses continuam a ser acessados mais por iniciados e menos pelos meros curiosos da felicidade.

O modo de falar é tão importante quanto aquilo que se fala. E a Meneceu, Epicuro fala como se a um amigo ou a um filho querido. Não diz como se estivesse em uma sala de aula ou em uma palestra pública, de forma fria e impessoal, e assim cativa antes de informar, sendo tal o caminho correto da pedagogia.

E o que diz o filósofo sobre o tema mais caro aos homens?

Epicuro diz a Meneceu que o tempo da felicidade é qualquer tempo, de juventude ou de velhice, e que a ela acompanha a prática da filosofia. Não a filosofia acadêmica, mas a filosofia que reflete sobre o próprio tema da felicidade. Simultaneamente, aconselha que se reflita sobre a natureza dos deuses e a morte, alertando que a opinião do senso comum relativamente a elas é falsa e que não deve ele se preocupar com a impiedade. A partir desse alerta, entendemos que uma das grandes preocupações de Epicuro foi "higienizar" a razão de Meneceu, pois os boatos, rumores e as falsas opiniões constituem uma fonte de sofrimento desnecessário e de equívocos acerca da vida e do mundo. É preciso pensar corretamente para atingir a vida feliz. Sobre a morte, diz que ela nada significa para os que estão vivos, dado que a morte priva da sensação os viventes e, consequentemente, eles não podem perceber a própria destruição. Nem com a morte e nem com o futuro devemos nos preocupar, porque, fazendo o que está ao nosso alcance, o que não está não deve nos trazer os males da angústia. E, por fim, devemos observar os nossos desejos, os quais, em vez de indubitavelmente trazerem a felicidade, podem ocultar armadilhas que levam a sofrimentos incontornáveis. A prudência é o timoneiro que bem conduz à felicidade e a um bom fim, e a ela devemos nos ater mais do que à própria filosofia, pois ela garante, enquanto a razão não estiver esclarecida, que estejamos situados em uma posição segura em um mundo que está repleto de ameaças e males verdadeiros.

D.B.

Carta a Meneceu [Carta sobre a felicidade]

Epicuro a Meneceu, saudações.

Que alguém, sendo jovem, não demore a filosofar e nem, sendo velho, se canse das coisas da filosofia. Pois a ninguém é cedo ou tarde demais para cuidar da saúde da alma. Aquele que diz que a hora de praticar a filosofia ainda não chegou ou que ela já passou é o mesmo que diz que a hora da felicidade ou não está presente ou já foi embora. De modo que tanto ao jovem quanto ao velho é necessária a prática da filosofia, para que o velho rejuvenesça graças às boas coisas trazidas pela gratidão e, ao mesmo tempo, para que o jovem envelheça graças ao destemor daquilo que virá. Assim sendo, é útil meditar sobre as coisas que fazem a felicidade, pois, estando ela presente, nós temos tudo, mas, estando ela ausente, tudo fazemos para obtê-la.

A você aconselho ocupar-se desses pensamentos e continuamente praticá-los, tomando-os como os elementos do bem viver. Primeiramente, considere que a vida dos deuses é incorruptível e feliz, tal como a faculdade de pensar comumente apregoa sobre os deuses, sem lhes atribuir algo diverso da imortalidade nem incompatível com a vida mais feliz. E julgue que um deus guarda em torno de si tudo aquilo que proporciona a mais feliz imortalidade. Pois os deuses são assim. E evidente é o conhecimento sobre eles. Pense também que aquilo que o senso comum diz sobre eles não é verdadeiro, visto que deles não guarda um pensamento único. Mas ímpio não é aquele que rejeita os deuses da multidão, todavia, aquele que atribui aos deuses as opiniões do senso comum. Pois não são falsas as suposições,* mas falsos se mostram os preconceitos da multidão acerca dos deuses; esses fazem decorrer a partir dos deuses os maiores danos e os maiores proveitos. Porque unidos pelas próprias virtudes, os deuses recebem todos os semelhantes e julgam incompatível todo aquele que não é da sua espécie.

Habitue-se a pensar que a morte não é nada para nós. Posto que todo bem e todo mal estão na sensação, e que a morte é a privação das sensações. De onde decorre que o correto conhecimento de que a morte não é nada para nós torna prazerosa a condição mortal da vida, sem aplicar a ela o tempo infinito, mas suprimindo o desejo da imortalidade. Pois não há nada de terrível na vida para aquele que compreende genuinamente que não existe nada de terrível na não vida.

* No vocabulário de Epicuro, prenoções ou *prolépsis* (προλήψεις), noções comuns ou as opiniões que não foram verificadas pelos sentidos ou pela razão e que, portanto, podem ser verdadeiras ou falsas. Sua teoria do conhecimento contempla ainda a *epimarturésis* (ἐπιμαρτύρησις) ou a confirmação, critério de verdade que permite dar à opinião o status de evidência e assegurar que existe coincidência entre a sensação e a prenoção.

De forma que é tolo aquele que diz temer a morte não porque ela afligirá quando estiver presente, mas porque ela atormenta pela espera. E se aquilo que está presente não perturba, quem a espera sofre em vão. Consequentemente, o mais terrível dos males, a morte, nada é para nós. Pois quando somos, a morte não está presente, e quando a morte está presente, aí mesmo já não somos. Ela não existe nem para os que estão vivos nem para os que estão mortos. Relativamente aos primeiros ela não é, e os outros não mais são. A multidão foge da morte como se ela fosse o maior dos males, e como se ela fizesse perder as coisas da vida. Mas o sábio não teme a não vida: ele nem procura a vida nem considera ser algo ruim a não vida. De modo que escolhe não o alimento mais abundante, mas o mais agradável, e também não o tempo mais longo, porém, o mais fecundo. Aquele que aconselha ao jovem o bem viver e ao velho o bem morrer, é simplório não apenas por causa da anuência despreocupada à vida, todavia, igualmente porque o bem viver e o bem morrer perfazem o mesmo cuidado.

Muito pior é aquele que diz: bom é não ter nascido, mas uma vez tendo nascido, melhor é o mais rápido atravessar as portas do Hades.*

Sendo convincente o que diz, por que ele mesmo não parte da vida? Ele pode realizá-la; se é verdade que seguramente quer isso para si. Mas se está brincando, está sendo frívolo nas coisas em que não se deve demonstrar frivolidade.

---

* Aqui, possivelmente Epicuro esteja comentando o espírito trágico dos gregos no período clássico.

Então é necessário lembrar que o futuro não está completamente sob nosso controle, a fim de que não esperemos irrestritamente que ele aconteça nem, em compensação, que não aconteça. Da mesma forma, é preciso pensar que dentre os desejos existem aqueles que são naturais e aqueles que são supérfluos, e dentre os naturais, aqueles que são necessários e aqueles que são apenas naturais. Entre os desejos necessários, alguns são necessários para a felicidade, outros para a saúde do corpo, e outros ainda para a própria vida. Com efeito, a partir da observação rigorosa dos desejos, toda escolha e toda rejeição sabem fazer remontar a saúde para o corpo e a tranquilidade para a alma, posto que essas perfazem o fim da vida feliz. Tudo fazemos por ela, a fim de não sofrermos nem sermos aterrorizados. E quando isso nos acontece uma vez, a alma é liberta de toda perturbação, o vivente não tendo que perambular como se privado de alguma coisa e nem procurar para se completar aquilo que é diferente do bem da alma e do corpo. Porque neste momento temos a necessidade do prazer, quando sofremos por sua ausência; contudo, quando não sofremos, não mais precisamos do prazer.

E por isso dizemos que o prazer é o princípio e o fim da vida feliz, pois nele reconhecemos o bem primeiro e inato, e de acordo com ele dirigimos todas as nossas escolhas e recusas, e a ele é que alcançamos julgando todo o bem, tendo as afecções como critério.

E já que ele é o bem primeiro e inato, graças a ele também não aceitamos todo prazer, mas existem ocasiões em que desprezamos muitos prazeres se desses decorre um grande sofrimento; igualmente pensamos que muitas dores são preferíveis aos prazeres, sempre que a nós um prazer maior se segue depois de termos sofrido por muito tempo. Consequentemente todo prazer, devido à natureza apropriada, traz um bem, mas certamente nem todo prazer deve ser escolhido; assim como todas as dores são um mal, mas nem sempre de todas elas se pode fugir.

Seguramente, olhando todas essas coisas, convém que as comparemos e julguemos quais são vantajosas e quais são prejudiciais. Pois algumas vezes usamos o bem como se fosse o mal e, inversamente, o mal como se fosse um bem.

Julguemos que a autossuficiência é um grande bem, não porque sempre desfrutaremos de pouco, mas de maneira que, se não tivermos muitas coisas, contentemo-nos com as poucas, convencidos legitimamente de que da mais doce abundância desfrutam os que pouco precisam dessas coisas, e de que tudo o que é natural é fácil de adquirir, mas aquilo que é fútil é de difícil aquisição. As dietas frugais trazem consigo um prazer igual ao da dieta faustosa, quando, ao mesmo tempo, toda a dor da necessidade for suprimida; e o pão de cevada e a água restituem o mais extremo prazer sempre que alguém sentindo fome e sede o come e a bebe. Então o hábito das dietas simples e não suntuosas é próprio para promover a saúde e para fazer o homem usar com diligência as coisas necessárias à vida e nos faz mais fortes quando, em intervalos de tempo, nos aproximamos das dietas faustosas e, ainda, nos torna destemidos relativamente aos eventos do destino.

Portanto, quando dizemos que o prazer é o fim, não estamos falando dos prazeres dos pervertidos e daqueles que residem no gozo material, como deduzem alguns que ignoram* ou não concordam conosco ou nos julgam com má intenção, entretanto, de não sofrer a dor no corpo e nem ter a alma perturbada. Pois nem as bebedeiras e os banquetes prolongados nem o gozo dos rapazes** e das mulheres nem dos peixes e de todas as outras coisas da mesa abundante geram a vida agradável, mas somente o cálculo sóbrio e a interrogação das causas de todas as escolhas e recusas e a rejeição das opiniões pelas quais a maior perturbação se apodera das almas. A prudência é o princípio disso tudo e o maior bem.

Razão pela qual é ela mais preciosa do que a filosofia, da qual derivam todas as virtudes restantes, ensinando que não existe a vida feliz sem o viver prudentemente, de bom modo e com justiça, nem tampouco existe o viver prudentemente, de bom modo e com justiça sem a vida feliz. Pois estão unidas as virtudes ao viver do modo feliz. E a vida feliz é inseparável dessas.

Por conseguinte, Meneceu, pensa você existir alguém melhor do que aquele que professa piedade

---

* Isto é: ignoram a doutrina dos epicuristas.

** A palavra grega ὁ παῖς (aqui, no plural genitivo τῶν παίδων) serve para designar tanto a criança quanto o escravo. Quando Epicuro fala de desfrutar dos prazeres de rapazes, imediatamente associamos τῶν παίδων aos *deliciae* romanos, escravos jovens que, além dos serviços usuais reservados aos escravos, se prestavam também para satisfazerem sexualmente aos seus proprietários.

em relação aos deuses e que em relação à morte está totalmente destemido? E que da natureza considera o propósito e, de um lado, o limite dos bens como sendo fácil de atingir e fácil de adquirir e, do outro, ser breve a duração dos males ou suportável o sofrimento que eles trazem?

Do que aquele que ri dos que apresentam o destino como o senhor de tudo, dizendo que muitas coisas são produzidas pela necessidade, que algumas coisas acontecem pelo acaso e outras por nossa própria ação, sendo, de um lado irresponsável a necessidade, bem como incerta a hora do acaso e, do outro, independente em relação à nossa vontade, à qual se unem naturalmente o que é repreensível e o que é louvável?

Existiria alguém superior àquele que não compreende o acaso como um deus, como o faz o senso comum, pois um deus não faz nada desordenadamente, nem por razão incerta? Ou àquele que não pensa que o bem ou o mal são dados pelo acaso para a vida feliz dos homens, mas que esse certamente proporciona os fundamentos de grandes bens e de grandes males?* Consequentemente, é melhor estar de acordo com o mito em relação aos deuses do que ser escravo do destino dos físicos;** pois certamente no primeiro se desenha a esperança de dobrar os deuses por meio dos sacrifícios, mas o segundo traz uma necessidade inflexível.

---

* Nesses questionamentos, refere-se o filósofo àquele que pratica os indicados ensinamentos. Em relação a esse, ninguém é superior.

** Os filósofos que se dedicavam ao estudo da natureza (ἡ φύσις).

Melhor é ter má sorte pensando sensatamente do que irrefletidamente prosperar. Pois o melhor nas ações é ver o julgamento correto recompensado pelo acaso.

Consequentemente, sobre essas coisas e aquelas a essas similares pense consigo mesmo dia e noite e também junto àqueles que a você são semelhantes e, jamais, nem acordado nem em sonho, você será perturbado, mas viverá como um deus entre os homens. Pois não parece um vivente mortal o homem que vive entre os bens imortais.

Carta a Pítocles

A "Carta a Pítocles" tem como tema os fenômenos celestes ou qualquer evento que ocorra na atmosfera e nos céus, esses perfazendo para Epicuro e os gregos de seu tempo uma só e a mesma zona.

Tais fenômenos, chamados de *meteoros*,* incluem desde a formação das nuvens até a passagem das estrelas cadentes. Sua investigação está compreendida no âmbito do estudo da natureza, e a razão de Epicuro se dedicar a um assunto aparentemente tão distante de seu escopo principal, a moral, é libertar o espírito humano das preocupações sem fundamento que o afligem.

A quais preocupações especificamente se refere o filósofo? Epicuro se refere às preocupações trazidas pela interpretação equivocada dos fenômenos celestes, segundo a qual esses ou são sinais divinos ou a manifestação direta do arbítrio dos deuses, que, de acordo com o fenômeno, estariam ou castigando os homens ou os premiando.

Tal espécie de pensamento traz perturbações para a alma e, de acordo com os preceitos do epicurismo, uma alma perturbada não pode alcançar a

* No original: τὰ μετέωρα.

felicidade. Assim, urge que a fonte da perturbação seja eliminada, visto que o propósito da vida é ser feliz.

Ou seja, Epicuro não deseja se fazer um "físico" ou filósofo da natureza, como os pré-socráticos e particularmente Demócrito de Abdera, do qual seu pensamento é tributário. Ele faz uso desse ramo da filosofia para atingir seu objetivo principal: proporcionar aos homens uma vida plena.

Dessa forma, o filósofo procura atender à demanda de Pítocles, que pede a ele um resumo conciso de suas ideias sobre os fenômenos celestes, posto que por meio das outras obras dele não consegue se lembrar nem refletir coerentemente sobre o tema.

A particularidade da carta é que ela resolve uma dúvida presente nas outras cartas de Epicuro sobreviventes ao tempo, a "Carta a Heródoto" e a "Carta a Meneceu": nessas se pode conjecturar sobre o caráter desse gênero de comunicação, isto é, se são elas missivas objetivas respondendo aos remetentes ou se utilizam os remetentes como subterfúgio para dizer algo ao mundo. Na "Carta a Pítocles", logo no começo, fica claro que um portador, Kleon, leva a Epicuro uma carta de um certo Pítocles. Então, o recurso da missiva representava algo prático, respondia a uma necessidade material: Pítocles não estando presente fisicamente no círculo de amizades de Epicuro, a ele solicitou um resumo sobre um tema específico de sua obra, o qual devia ser enviado por meio de Kleon, o portador. O que, por outro lado, não impede que o mestre fale ao mundo, já que, como ele diz literalmente no primeiro parágrafo, o resumo preparado será útil não apenas a quem o requisitou, Pítocles, mas a todos aqueles interessados na legítima ciência da natureza e àqueles aprisionados nas obrigações cotidianas. Ou seja, Epicuro claramente espera que sua obra seja lida por mais alguém além do remetente da carta.

Como seria feita tal leitura? O que fica sugerido ao final do primeiro parágrafo da "Carta a Pítocles" é que um documento escrito pelo mestre Epicuro deveria ser compartilhado por seus admiradores e discípulos. Assim, se depreende quando ele diz: "Com prazer receba então essas coisas e, de posse delas, rapidamente se lembre de seu conteúdo, examinando-o conjuntamente com o restante dos assuntos presentes no pequeno compêndio que enviamos a Heródoto". Ou seja, Epicuro espera que a "Carta a Heródoto" seja lida por Pítocles e que Pítocles socialize o conteúdo da carta a ele enviada. Ideia que ganha reforço com o que é dito ao final da "Carta a Meneceu": "Reflita sobre essas coisas que eu lhe disse com seus semelhantes". Essa semelhança implicando na admiração ou condição de seguidor de Epicuro, bem como no interesse pelos assuntos filosóficos em geral e, em particular, pela investigação do que ocorre no céu.

O grande mérito da proposição de Epicuro é traçar um paralelo entre os fenômenos celestes e os fenômenos terrestres, isto é, aproximar os dois planos físicos e desse modo fazer ver que os eventos ocorridos no distante plano astral nada têm de extraordinário relativamente ao que ocorre diante dos olhos dos homens ou ao alcance de suas mãos. O critério de verdade de seu método é exatamente esse: não contradizer os fenômenos terrestres. Atribui-se o caráter de verdade aos fenômenos celestes se eles não contradizem os fenômenos acontecidos na Terra e nem fazem oposição ao que dizem os sentidos; por outro lado, se Epicuro não encontra uma explicação única para os fenômenos, ele simplesmente admite que de muitas maneiras podem ocorrer tais eventos, ou o que ele chama de "método de explicação múltipla", contra o "método de explicação única", que ele combate ao longo da "Carta a Pítocles".

Os tópicos abordados pelo filósofo são a criação do mundo, ou, mais propriamente, de um mundo, já que para Epicuro é indiscutível a existência de vários mundos, o nascimento e o pôr do sol, da lua e dos demais astros, o arco-íris, a formação e a queda da neve e do granizo, o orvalho, o gelo, os tropismos, as fases da lua, o caráter de sua luz (é ela iluminada ou gera a própria luz?), a imagem da face na lua, o halo em volta dela, os eclipses, a variação da duração dos dias e das noites, os sinais anunciadores do tempo, as nuvens, os trovões, os relâmpagos, as tempestades, os ciclones, as trombas d'água, os terremotos, os cometas, a revolução dos astros e as estrelas cadentes.

D.B.

Carta a Pítocles

Epicuro a Pítocles, saudações.

Kleon me trouxe uma carta sua, na qual você, tendo sentimentos de amizade em relação a nós, preserva valorosamente nosso interesse por você, e não sem razão tenta se lembrar dos raciocínios que tendem fortemente para a vida feliz, sendo necessário lhe enviar, para fácil recordação, um diálogo sobre os fenômenos celestes tanto conciso quanto bem circunscrito; pois as coisas nos nossos outros escritos dificilmente são lembradas, embora, como você disse, continuamente os tenha em mãos. E nós alegremente compreendemos sua necessidade e guardamos juntamente uma agradável esperança. Escrevendo então o restante de todas as coisas, contribuímos com o que precisamente é pedido, com esta exposição sumária, que deve ser útil a muitos e particularmente aos apreciadores iniciantes da legítima ciência da natureza e àqueles que estão presos profundamente no círculo de alguma das ocupações cotidianas. Com prazer as receba então e, de posse delas, rapidamente se lembre de seu conteúdo, examinando-o conjuntamente com o restante dos assuntos presentes no pequeno compêndio que enviamos a Heródoto.

Antes de mais nada, não existe nenhum outro fim no conhecimento dos fenômenos celestes, quer estejamos falando dos fenômenos em conexão uns com os outros, quer independentemente considerados, exceto a *ataraxia** e uma firme confiança, o que se aplica também ao restante dos assuntos. Não devemos forjar o impossível. Nem em relação a todas as coisas terem uma teoria semelhante aos raciocínios sobre as formas de vida, ou àqueles que dizem respeito à solução dos outros problemas da natureza, por exemplo, aquele segundo o qual tudo é corpo e natureza intangível, ou aquele que afirma que os elementos são indivisíveis e que as coisas dessa espécie têm somente uma forma de se harmonizar com os fenômenos, o que não é o caso para os fenômenos celestes, os quais admitem muitas causas para sua produção e muitas determinações de sua essência de acordo com as sensações. Pois não é necessário praticar a ciência da natureza sob leis e axiomas vazios, porém, como requerem os fenômenos. Porque a nossa vida já não tem utilidade da irreflexão e da opinião vazia, mas temos a necessidade de uma vida sem perturbações. Consequentemente, a completa tranquilidade acontece a respeito de todas as coisas que se explicam de muitos modos de acordo com os fenômenos, quando nos deixamos ser persuadidos, como convém, sobre o que é verossímil; mas, quando alguém admite uma explicação e rejeita outra que igualmente está de acordo com os fenômenos, fica claro que esse se coloca fora de toda investigação conforme os princípios da natureza e desaba no mito.

* Tranquilidade da alma.

Alguns fenômenos produzidos próximos a nós trazem sinais dos fenômenos celestes, os quais não vemos acontecer, pois esses podem ocorrer de várias maneiras. Certamente é necessário observar a aparição de cada um deles e explicá-los a partir dos objetos e fenômenos a eles associados, os quais não testemunham contra os acontecimentos produzidos de várias maneiras próximos a nós.

Um mundo é envolvido pelo céu, englobando tanto os astros como a Terra e todos os fenômenos, e tendo sido separado do infinito e estacionando no limite que é pouco denso ou compacto – e aí dissolvendo todas as coisas na própria mistura em que ele se transforma, se estabelece em estado estacionário ou em rotação, na forma arredondada ou triangular ou de um contorno único há pouco tomado: pois isso é possível, visto que os fenômenos em nada contradizem este mundo em que estamos, cujos limites não são possíveis perceber. Que mundos desse tipo sejam infinitos em número é compreensível, e também que esse tipo de mundo possa nascer seja em outro mundo, seja nos espaços entre mundos, como nós chamamos o intervalo entre mundos e no espaço em grande parte vazio, mas não no grande espaço vazio e puro, como dizem alguns.* O nascimento ocorre quando determinadas sementes apropriadas afluem de um só mundo ou do espaço entre mundos ou de muitos mundos ou espaços entre mundos, e paulatinamente realizam adições, separações e deslocamentos para outro lugar, recebendo, das regiões que as contêm, as

* Referência a Leucipo. Confira-se Diógenes Laércio IX, 31.

correntes da matéria apropriada, até o acabamento e a estabilidade, na medida em que as bases do edifício possam admitir essas adições. Pois não basta que exista a aglomeração de átomos e um turbilhão no vazio, onde, como se crê, um mundo pode, a partir da necessidade, nascer e se desenvolver até o momento em que se choque com um outro, como afirma um daqueles a que chamamos de "físicos".* Porque isso está em contradição com os fenômenos.

O Sol, a Lua e o restante dos astros não se formam por si só para depois serem englobados pelo mundo com todas as coisas que ele conserva, mas são formados ao mesmo tempo e devem seu crescimento ao amálgama e ao turbilhão composto de partículas de determinadas essências sutis, da natureza do vento ou do fogo ou de ambos, pois isso é o que a sensação indica.

O tamanho do Sol e do restante dos astros é tão grande ou tão pequeno quanto parece para nós: pois, na verdade, em si mesmo o tamanho é maior ou pouco menor ou tão grande de acordo com a perspectiva (não ao mesmo tempo). Pois da mesma maneira os nossos fogos observados à distância são percebidos pela sensação. E todo obstáculo sobre esse ponto é facilmente removido se nos apegamos às evidências, o que demonstramos no livro *Sobre a natureza*.

O nascimento e o pôr do sol e da lua e do restante dos astros pode acontecer por inflamação e por extinção, de acordo com as circunstâncias e os

---

* Referência ao discípulo de Leucipo, Demócrito de Abdera. "Físicos são os filósofos dedicados ao estudo da natureza."

ambientes favoráveis a uma ou a outra, de tal sorte que se cumprem as coisas que acabamos de prever: pois nenhum dos fenômenos testemunha ao contrário. Não é impossível que seus movimentos aconteçam de acordo com a reviravolta de todo o céu, ou que, o céu estando imóvel, sejam devidos a uma reviravolta própria, engendrada por uma necessidade presente desde a origem, no nascimento do mundo, quando os astros se levantaram no céu; e também pelo efeito do calor, devido à propagação do fogo, que se distribuiria de maneira contínua de um lugar para o lugar vizinho a esse.

Os tropismos* do sol e da lua podem acontecer pela inclinação do céu, sendo ele forçado de forma periódica a essa posição; e, semelhantemente, pela repulsão das correntes de ar ou porque pouco a pouco a matéria apropriada é destruída por um incêndio ou porque, desde o princípio, um redemoinho envolveu esses astros a fim de que eles se movessem tal qual uma hélice. Pois todas as coisas desse tipo e as coisas a esse tipo análogas em nada discordam das evidências, se, nesse tipo de questão particular, nos atendo sempre ao possível, ao acordo com os fenômenos somos capazes de relacionar cada uma dessas explicações, não temendo o servilismo charlatão dos astrônomos.

Tanto os decréscimos quanto os retornos para a plenitude da Lua podem acontecer, seja pela revolução desse corpo, seja pelas configurações do ar e, ainda, pelas ocultações e por meio de todos os modos pelos quais os fenômenos próximos a nós convidam à

---

* Movimentos de retorno ao nascente e ao poente.

compreensão da mudança de aspecto, se ao menos, estando enamorados do método de explicação única e de uma única explicação, não rejeitamos as demais hipóteses facilmente, sem antes examinar o que é possível e o que é impossível ao homem conhecer, resultando daí o desejo de conhecer o impossível.

A luz da lua pode acontecer a partir dela mesma, tanto como ela pode recebê-la a partir do sol. Pois próximo a nós observamos muitas coisas que têm luz própria, e muitas que a recebem de outros corpos. E nada impede que assim seja com os fenômenos celestes, se tivermos sempre na memória o método das explicações múltiplas e concomitantemente tenhamos sob o olhar as hipóteses e as causas que estão em conformidade com eles, sem que voltemos os olhos àquilo que não lhes diz respeito, cuja importância é tolamente exagerada, e sem recair no método de explicação única.

A imagem da face na lua pode ocorrer segundo a diversidade de sua geografia e devido à interposição de alguma coisa à sua frente, e por todos os outros modos de causalidade mediante os quais podemos constatar o acordo com os fenômenos. Pois para todos os fenômenos celestes de tal tipo é necessário não abandonar a pista seguida, e, existindo algum conflito com as coisas evidentes, jamais seremos capazes de participar da tranquilidade verdadeira.

O eclipse do sol e da lua pode acontecer por extinção, como próximo a nós observamos isso acontecer, e pela ocultação por alguns outros corpos, a Terra ou algum outro corpo celeste de tal espécie. E dessa maneira é necessário observar conjuntamente as coisas semelhantes umas às outras e pensar que o concurso de várias explicações simultaneamente não é impossível.*

Sobre a regularidade da revolução dos astros, devemos compreendê-la como vários dos fenômenos que acontecem próximos a nós; e de forma alguma apelar à natureza divina, porém, deixando-a livre do ônus de qualquer função e na mais completa felicidade. Para que isso não torne inútil todo o exame das causas dos fenômenos celestes, como já aconteceu a alguns que, não estando seguros no modo possível de análise, caíram no inútil conhecer que é o modo de pensar de maneira única e rejeitaram todas as outras explicações de acordo com o que é possível, levados assim para o inconcebível e sendo incapazes de ver com um só olhar o conjunto dos fenômenos que devem ser recebidos apenas como sinais.

A variação da duração dos dias e das noites ocorre seja porque os movimentos do Sol acima da Terra são mais rápidos e novamente mais lentos, seja porque a extensão dos espaços a percorrer é variável e o Sol percorre alguns lugares mais rápido ou mais lentamente, como observamos em alguns fenômenos próximos a nós algumas vezes, e dos quais é necessário falar que estão em acordo com os fenômenos celestes. Mas aqueles que adotam uma só explicação se colocam em conflito com os fenômenos e falham em perguntar se é possível para os homens realizar tais explicações.

---

* Aqui, parágrafo 97, o texto original varia de acordo com a fonte, permitindo traduções diversas.

Os sinais anunciadores do tempo* podem acontecer tanto por oportunas coincidências, como se manifestam próximo a nós nos animais, como de acordo com as mudanças e as transformações do vento: pois ambas as coisas não contradizem os fenômenos; mas o que provoca as primeiras ou é a causa das segundas, não é possível saber.

As nuvens podem se formar e se reunir tanto pela condensação dos ares, a qual, por sua vez, ocorre pela compressão dos ventos, como pelo enredamento dos átomos se conectando entre si, quando apropriadamente para isso eles são direcionados, e igualmente podem se formar pela reunião das correntes de ar saídas a partir da terra e das águas; e não é impossível que os agrupamentos de tal espécie sejam produzidos por muitos outros modos. Imediatamente após a formação das nuvens, sua compactação pode produzir chuva, e essa também pode ocorrer pela alteração em uma delas, e ainda por um aporte dos ventos vindos pelo ar, dos lugares apropriados, a chuvarada mais forte se produzindo a partir de determinados aglomerados de nuvens próprios a produzir tais precipitações.

Os trovões podem acontecer seja pelos ventos se agitando nas concavidades das nuvens, como se dá em nossos recipientes,** seja pelo fogo nelas soprando e ressoando, seja pelo rompimento das nuvens e a separação umas das outras, seja pela fricção de umas contra as outras e também por sua quebra, tendo elas

---

* O tempo atmosférico e as estações do ano.

** A imagem certamente é a do vento produzindo ruídos em copos, garrafas, tinas e recipientes semelhantes.

tomado a consistência do gelo. E dizemos que tanto sob uma dessas formas isoladamente quanto sob todas elas em conjunto os trovões podem acontecer, pois os fenômenos nos convidam a dar múltiplas explicações.

Os relâmpagos igualmente acontecem de muitas maneiras. Pois pela fricção e pelo choque das nuvens os corpúsculos produtores de fogo, escapando, engendram o relâmpago; e também pela expulsão das nuvens pelos ventos, dos corpúsculos que proporcionam esse brilho; essa expulsão acontecendo quer pela pressão das nuvens umas contra as outras, quer pela compressão dos ventos; ou a luz, espalhada pelos astros e aprisionada pelas nuvens, comprimida em seguida pelo movimento das nuvens e dos ventos, escapa através das nuvens; ou pela infiltração das mais sutis partículas de luz; ou as nuvens formadas de fogo se reúnem ao mesmo tempo em que os trovões ressoam, produzidos pelo movimento do fogo; ou o vento entra em combustão devido à intensidade do movimento e da violenta rotação; ou devido ao rompimento das nuvens pelos ventos, fazendo emanar os átomos que produzem o fogo e provocando a aparição do brilho. E muitas outras explicações facilmente serão encontradas, desde que sempre os fenômenos sejam observados e que sejamos capazes de examinar conjuntamente o que têm em comum.

No ajuntamento de nuvens de tempestade, o relâmpago precede o trovão, porque, ao mesmo tempo em que o vento se abate sobre as nuvens, os elementos próprios a produzir o relâmpago são expulsos, e apenas mais tarde o vento soprando faz produzir o troar; e caindo os dois simultaneamente, mais rápido do que o trovão em nossa direção se move o relâmpago, como observamos várias vezes à distância quando alguém aplica golpes com um bastão.

Os raios podem ocorrer também quando muitos ventos se reúnem, por seu violento revolver-se, por seu incêndio, pela ruptura de suas partes e por sua mais vigorosa queda, a ruptura acontecendo devido ao fato de que os lugares vizinhos são tornados mais densos pela compressão das nuvens. O raio pode ser produzido ainda pela própria queda do fogo em turbilhão (mais frequentemente contra uma montanha elevada, pois é lá que eles caem com maior regularidade), da mesma forma como os trovões também podem acontecer, tornando-se mais abundante e atiçado mais fortemente pelo vento e rompendo a nuvem por não poder recuar para os lugares vizinhos, devido à compressão contínua das nuvens umas contra as outras. E de muitos outros modos se dá a produção dos raios: que somente o mito seja excluído! E assim será se seguirmos exatamente os fenômenos nos sinais que acompanham as coisas desconhecidas.

Os ciclones podem ser produzidos por uma nuvem que, empurrada por um vento intenso, desce mudando de forma, sendo ao mesmo tempo carregada pela violência do vento e empurrada transversalmente por um outro vento que vem de fora; ou ainda por um vento que se põe a circular, ao passo que o ar é rechaçado para baixo e que se produz um fluxo abundante de ventos que não pode se esvair lateralmente devido à condensação do ar ao redor. Quando sobre a terra descem os ciclones, formam-se os tornados, de todos os diversos modos pelos quais sua geração ocorre conforme o movimento do vento; quando eles descem sobre o mar, ocorrem as trombas d'água.

Os terremotos podem acontecer tanto pelo aprisionamento do ar em movimento na Terra como por seu contato com ela, deslocada em pequenas massas às quais ele imprime um movimento contínuo, o qual a faz tremer; e esse vento ou vem de fora ou, nas cavernas subterrâneas, do desabamento dos alicerces do solo que expulsa em forma de vento o ar comprimido. Os terremotos também podem ocorrer pela propagação do movimento provocado pela queda de numerosos pedaços de chão e, inversamente, por seu rebote, quando esses pedaços vão ao encontro da massa de terra compacta e mais sólida. E, por muitos outros modos, esses movimentos da terra acontecem (pode acontecer que os ventos se formem quando, no decorrer do tempo, alguma coisa estranha se introduza pouco a pouco e de maneira contínua no ar; e, também, por consequência do ajuntamento de uma grande massa de água. O restante dos ventos se forma pela queda, em numerosas cavidades, de um pequeno volume de terra e pela propagação de seu movimento).

O granizo acontece, seja pelo extremo congelamento de um ambiente formado por elementos da natureza do ar, que chegam para se reunir e a seguir se fragmentar, seja pelo congelamento mais moderado de alguns elementos da natureza da água e por sua ruptura, que produz, ao mesmo tempo, sua compressão e sua separação, o que se explica pelo fato de que o congelamento acontece por partes e em conjunto, ao mesmo tempo. Não é impossível que o granizo tenha a forma redonda devido à fusão das suas extremidades, ou devido ao fato de que, como dizemos, quando da sua formação os elementos da natureza da água ou da natureza do vento o envolvem de uma forma igual, por todos os lados e em cada parte.

A neve pode ser produzida pelas nuvens que transbordam a água em finas partículas através dos poros proporcionais e devido à compressão das nuvens apropriadas e à semeadura pelo vento; a seguir, essa água se congela durante a queda, porque, nas regiões situadas abaixo das nuvens, o meio atravessado a refrigera fortemente. Pode ser ainda que, devido ao congelamento no centro das nuvens de porosidade uniforme, se produza tal emissão de neve pelas nuvens aquosas e contíguas que se apertam umas contra as outras, as quais, agindo por uma espécie de compressão, produzem o granizo, o que ocorre principalmente na primavera.* E, também, a fricção das nuvens congeladas jorraria esse aglomerado que constitui a neve. E por muitas outras maneiras a neve pode ser produzida.

O orvalho é produzido pelo encontro no ar das partículas capazes de produzir a umidade dessa espécie; ou quando as partículas saídas dos lugares úmidos ou da água, lugares nos quais frequentemente o orvalho é produzido, se ajuntam e se unem produzindo a umidade, a qual o vento favorável empurra novamente para os lugares abaixo. Como igualmente em nossas proximidades muitas vezes acontece com

* Mais um trecho em que há uma discrepância no original, permitindo traduções destoantes. Especificamente, por exemplo, Conche dá ἐν τῷ ἐάρι = na primavera, e Bailey ἐν τῷ ἀέρι = na atmosfera. (N.T.)

os fenômenos análogos. A geada é produzida a partir do congelamento de partículas da espécie do orvalho que circulam por ares glaciais.

O gelo é produzido tanto pela expulsão das partículas esféricas da água e pela reunião daquelas de figura desigual e de ângulo agudo presentes na água, como pela chegada do amálgama de partículas dessa última espécie, as quais, tendo sido impelidas umas contra as outras para a água, preparam o congelamento, expulsando as configurações esféricas.

O arco-íris ocorre pela iluminação do ar umidificado pelo sol, ou por uma combinação particular da própria luz com o ar, a qual dá origem às cores, sejam todas elas, seja apenas de uma só espécie; essas, então, irradiando ao seu redor, fazem as regiões do ar vizinhas tomarem essa coloração variada que observamos mediante a iluminação de diferentes partes. Explica-se a aparência circular do arco-íris devido ao fato de que ele é percebido pelos olhos dos observadores como se estivesse a uma distância totalmente igual, não importando sua referência. Ou porque os átomos no ar ou aqueles nas nuvens derivados do mesmo ar são pressionados conjuntamente, e assim a combinação se espalha numa forma circular.

O halo em volta da lua acontece quando, vindo de todos os lados, o ar a envolve ou quando o ar repulsa o fluxo que ela emana de modo uniforme, ao ponto de dispor em volta do astro esse círculo de nuvens absolutamente contínuo. Ou também quando o próprio ar em torno é repelido proporcionalmente de todas as partes para a periferia em volta dela e ela se cerca das partes densas. O halo acontece de forma descontínua, certamente devido ao fato de que determinados fluxos externos são repelidos violentamente para ele ou porque o calor executa essa descontinuidade, bloqueando os poros apropriados.

Os cometas fazem sua aparição em certos intervalos de tempo em alguns lugares nos espaços celestes, porque o fogo é alimentado regularmente por matéria apropriada; ou porque, a certos intervalos de tempo, o céu sobre nós realiza um movimento peculiar, possibilitando aos astros de tal espécie se mostrarem, ou porque eles mesmos, em certas épocas, se precipitam por causa de certas condições que os envolvem e se dirigem para os lugares próximos a nós e fazem sua aparição. Sua ocultação se opõe às causas do seu aparecimento.

Alguns astros dão voltas em torno deles mesmos,* o que acontece não somente pelo fato de que essa parte do mundo está em repouso, em volta da qual o restante circula, como alguns dizem, mas também pelo fato de que o ar em movimento forma um círculo em volta deles, o qual é capaz de impedi-los de fazer o périplo como os outros astros; ou pelo fato de que próximo a eles não se encontra a matéria apropriada, mas sim nesse lugar no qual nós os vemos se fixar. E, também, por muitos outros modos isso pode acontecer, se formos capazes de raciocinar de acordo com os fenômenos.

Alguns dos astros erram sem destino, se desse modo seus movimentos costumam acontecer, mas outros não se movimentam dessa maneira, o que pode acontecer devido ao fato de que eles são

* Isto é, giram sobre o próprio eixo. A referência é Homero, *Ilíada*, XVIII, 486-8. (N.T.)

forçados, desde o princípio, a se mover em círculo, de tal modo que uns são levados pelo mesmo turbilhão que retorna com regularidade, enquanto outros, ao mesmo tempo, são carregados por um turbilhão que apresenta determinadas anomalias; isso pode ser explicado também pelo fato de que naqueles lugares para os quais são levados existam, em um corredor, correntes de ar regulares que os empurram sempre pelo mesmo caminho, ao longo do qual elas os fazem queimar uniformemente; e em outro corredor, correntes irregulares, as quais produzem as mudanças de direção que nós observamos. Dar a esses eventos uma só explicação, quando eles requerem muitas, é algo insensato e inconvenientemente feito por aqueles que elogiam a frívola astrologia, jogando no vazio as causas de certos fenômenos quando neles está implicada a natureza divina.

Determinados astros são vistos deixados para trás por alguns outros, o que acontece por percorrerem mais lentamente o mesmo círculo, ou por se moverem no sentido oposto, sendo puxados para trás pelo mesmo turbilhão, ou por fazer sua revolução por meio de um espaço maior e, outros, por um menor, percorrendo em círculo o mesmo circuito. Oferecer uma explicação simples sobre esses fenômenos é conveniente a quem deseja maravilhar a multidão.

As estrelas a que chamamos de cadentes podem se formar pela fricção delas mesmas umas contra as outras e pela queda de seus fragmentos, lá onde acontece a rajada de vento, como tínhamos dito acerca dos relâmpagos; e também pela reunião de átomos produtores do fogo, os quais se reúnem a fim de produzir esse resultado, e pelo movimento do impulso inicial que resulta da reunião; ou pela reunião de ventos em certos aglomerados nebulosos e densos e o seu abrasamento devido ao fato de eles rolarem sobre si mesmos, logo depois sendo rompido o "envelope" que os cerca completamente, acontecendo o ataque pelo espaço para o qual eles são transportados pelo impulso de seu próprio movimento. E de outras maneiras não mitológicas são produzidos esses fenômenos.

Os sinais anunciadores do tempo manifestos por certos animais se devem ao encontro de circunstâncias casuais, pois não existe a necessidade de resultar em mau tempo a manifestação desses animais, nem uma natureza divina se coloca em algum lugar a observar sua movimentação e, a seguir, realiza o que os seus sinais anunciam. Pois não acontece de o animal, por menos inteligente que seja, de sucumbir a uma loucura de tal espécie, e muito menos quem possui a perfeita beatitude.

De todas essas coisas, Pítocles, se lembre; pois assim você poderá conhecer aquilo que for de gênero semelhante e extraordinariamente se libertará do mito; particularmente aplique-se ao estudo dos princípios e do infinito e ao exame das matérias similares, e, ainda, ao estudo dos critérios e das afecções, e desses assuntos a respeito dos quais meditamos. Pois, sobretudo, a visão conjunta do problema permitirá a você ver facilmente as causas dos fenômenos particulares. Mas aqueles que não amam essas coisas acima de tudo, não as conhecerão corretamente, nem tomarão posse do motivo pelo qual é necessário conhecê-las.

Carta a Heródoto

Epicuro desejou que a "Carta a Heródoto" fosse um resumo de toda a sua produção filosófica, ao menos no que diz respeito aos seus princípios fundamentais. E, de fato, ela abrange todos os tópicos com os quais ele trabalhou, começando pela coisa mais simples ou próxima ao ser humano dotado de inteligência (a capacidade da fala), e atingindo a justificação para seu sistema filosófico (fazer o homem feliz). No entanto, ainda que ele visasse desde os iniciantes até aqueles que haviam progredido no estudo de seus ensinamentos, para um leitor distante no tempo fica a sensação de que maiores explicações seriam bem-vindas. Por exemplo, no seu sistema cosmológico e na antropomorfização da personalidade divina, a qual eternamente permaneceria no espaço entre mundos a gozar de sua beatitude. Ora, o desejo de felicidade eterna é uma característica tipicamente humana. As informações complementares, tanto quanto possível, são encontradas nos comentadores e nos discípulos ou antecessores do filósofo, especificamente em Demócrito de Abdera e Lucrécio. O primeiro é fonte de referência para a teoria atômica de Epicuro, ainda que ele o negasse veementemente, e o segundo, a toda obra, com a vantagem de estar inserido em outra cultura, a latina, e distante no tempo ao qual se remete, o que confere uma visão amadurecida do movimento intelectual em torno daquele ao qual se refere.

São os temas da "Carta a Heródoto": os sentidos e a teoria da percepção, o invisível, os átomos, os corpos e o vazio. Quais e como são compostos os corpos do mundo, o infinito, o mundo, os mundos, o cosmos, a teoria do pensamento, a teoria do conhecimento, o paralelismo entre o visível e o invisível. Teoria da alma, acidente, tempo, corpos celestes e perturbação da alma; ou seja, a "Carta a Heródoto" acaba como a "Carta a Pítocles", explicando que o estudo da natureza é justificado pelo propósito da libertação do homem das perturbações trazidas pela ignorância.

Diógenes Laércio assim apresenta a "Carta a Heródoto" (Livro X, 29-30): a porção do sistema de Epicuro que explica a *physis* ou natureza. Ou, literalmente: "A primeira epístola, dirigida a Heródoto, lida com a física, a segunda, dirigida a Pítocles, lida com a astronomia ou meteorologia, e a terceira, a Meneceu, tem como objeto a vida humana". E sobre a filosofia de Epicuro, ele o diz "está dividida em três partes: canônica, física e ética". A canônica forma a introdução ao sistema e está contida na obra chamada "Canon". A porção física inclui a completa teoria da natureza e está contida no *Sobre a natureza*, em seus 37 livros e, de modo resumido, nas cartas. A parte correspondente à ética lida com os problemas das escolhas e das rejeições, e pode ser encontrada em "Sobre a vida humana", nas cartas e no tratado "Sobre o fim" (ou "Sobre a morte").

A compreensão do que vem a ser física e ética é imediata para o leitor moderno; no máximo, precisamos esclarecer que a física é um pouco diversa da física tal qual ela é entendida hoje, visto que a biologia e qualquer ciência afim já se encontrava no espectro da física antiga; as ciências dos dias de hoje nasceram do pensamento filosófico e particularmente físico dos antigos, se dividiram e se especializaram em um grau que seus precursores dificilmente poderiam imaginar. E, quanto à ética, ela vai além da necessidade de um comportamento correto no meio social e da procura da justiça, significando também a compreensão da dimensão individual, do que significa ser um indivíduo e qual é o modo de bem se haver tanto em relação às questões sociais quanto, e principalmente, em relação às demandas particulares, pois ninguém – uma terceira pessoa ou o Estado ou comunidade na qual se insere – é responsável pela felicidade ou bem-estar de uma pessoa. Ao contrário: geralmente, a alteridade e o corpo político são responsáveis pela infelicidade ou ruína de uma pessoa.

Requer um olhar mais cuidadoso, a canônica. Como o próprio nome diz, trata-se de um conjunto de leis ou regras (cânones) por meio das quais deve ser compreendido um sistema e aplicados os seus preceitos. Originalmente, a palavra serve para designar o instrumento de medida utilizado pelos pedreiros em seu trabalho. Havia uma discussão no mundo antigo para estabelecer se a canônica é uma parte da filosofia ou apenas um instrumento para auxiliá-la. Para Diógenes, como vimos, faz parte da filosofia, mas, por exemplo, para Sêneca, a canônica não passa de um apêndice da filosofia, que é dividida em duas partes, a ética e a física.* Desse modo, o cânon na obra de Epicuro é um instrumento para alguma coisa maior. E o que seria? Evidentemente, a conquista da felicidade. No entanto, está tão colado ao objeto principal da filosofia que, tranquilamente, pode ser considerado parte dela. A canônica não tem o papel na filosofia de Epicuro tal qual a lógica o tem na filosofia de Aristóteles; para este, declaradamente, a lógica não passa de um *organon*, de um instrumento. Não é o caso de Epicuro, e, fosse assim, ela simplesmente não existiria, pois o filósofo não perderia tempo fugindo de seu tema principal, a felicidade humana. Assim, a discussão continua, podendo a canônica em Epicuro ser mais do que um simples apêndice ao *corpus* principal do trabalho. Esta é a posição de Balaudé: "A canônica não é um simples substituto da lógica; ela desempenha efetivamente outro papel, diferente desse último, pois apresenta uma teoria empírica do conhecimento, e não uma teoria formal do raciocínio. Dessa forma, ela não pode ser simplesmente separada da física como o é a lógica no sistema de Aristóteles".** E a teoria do conhecimento de Epicuro pode ser apresentada de uma maneira simples: ao contrário das teorias idealistas, como a de Platão, que parte do mundo das ideias para o mundo concreto, supondo nesse uma fonte de erros e naquele a fonte exclusiva da verdade (vide *Teeteto*), Epicuro parte do mundo concreto e chega, depois,

* *Carta a Lucilius* 89, 11. Por outro lado, Sexto Empírico hesita em dizer que são duas ou três as partes da filosofia (*Adversus Mathematicos* VII, 14).

** *Épicure, lettres, maximes, sentences.* p. 31.

por exclusão e outras possibilidades (isto é, analogia e inferência), ao mundo das ideias. A movimentação do espírito ou da inteligência até atingir o conhecimento é a seguinte: os sentidos percebem o mundo exterior em seus objetos concretos e os transformam em ideias ou imagens, e os sentidos são o critério de verdade e nunca se enganam. Se, acerca de um objeto exterior, como a forma de uma torre vista ao longe, existe divergência de opiniões, então todas elas estão corretas, o que difere são os momentos nos quais os sentidos perceberam esse objeto, no caso, a torre. Esses momentos de opiniões diversas referem-se, por exemplo, à distância em que o objeto, no caso, a torre, é observado. Superada essa etapa, a inteligência chega propriamente ao plano das "ideias abstratas", e com elas deve lidar, pois o pensamento também é composto por elas. Aqui, Epicuro silencia sobre os objetos particulares do mundo das ideias, por exemplo, a ideia de verdade; ele não se digna a discutir assunto tão espinhoso. Todavia, faz uso dos processos mentais teóricos ou subjetivos quando investiga a natureza em duas situações: a natureza naquilo que ela tem de invisível e a natureza naquilo que tem de distante. Ou seja, o microcosmo e o macrocosmo, o universo dos átomos e o dos planetas ou corpos celestes distantes. Mas, analogamente, o critério de verdade continua sendo o mesmo, ou seja, a verificação pelos sentidos. A questão é, então: Como verificar pelos sentidos o que não se pode ver ou de outra forma sentir? Pela semelhança: os fenômenos que ocorrem tanto no mundo atômico como no espaço astral não devem contradizer os fenômenos que ocorrem no plano terrestre. E as ideias incorporadas ao pensamento a partir desses planos devem obedecer a esse critério. Por exemplo, a ideia de átomo. Obviamente, ninguém vê um átomo se movendo pelo ar, mas Epicuro incorpora a ideia, derivada de outros filósofos (Leucipo e Demócrito de Abdera, originalmente), porque interessa ao seu sistema filosófico, pois, para ele, a alma é um corpo composto de átomos e também é o centro da sensibilidade e da inteligência, e, portanto, da felicidade e da infelicidade nos homens.

Podemos expressar o processo cognitivo de Epicuro por outro modo, encontrado logo ao começo da "Carta a Heródoto": a inteligência opera com as coisas evidentes e com as não evidentes. A apreensão do que é evidente ocorre de modo imediato, pelas sensações, enquanto a apreensão do que não é evidente ou claro é feita por inferência, sendo que o não evidente se subdivide ainda em duas classes, o que é absolutamente obscuro, e o que espera confirmação por parte dos sentidos. Apoiemo-nos em Sexto Empírico para tornar mais objetiva a exposição. Dois são os objetos do conhecimento: 1) os objetos imediatamente percebidos, os quais são conhecidos sem qualquer inferência; 2) os objetos que não são imediatamente percebidos, os quais se dividem em: a) objetos que não podem ser percebidos diretamente ou conhecidos por inferência, por exemplo, o número das estrelas; b) objetos que não podem ser diretamente percebidos, mas que podem ser conhecidos por inferência a partir da percepção, como os átomos e o vazio; c) objetos que não são percebidos em um momento particular, mas que podem ser percebidos em outro momento ou lugar. Os sinais permitem conjecturar a seu respeito, a fumaça, como sinal do fogo, a cicatriz, como sinal de uma ferida.*

D.B.

---

* *Adversus Mathematicos* VIII, 316-320; *Hipotiposes Pirrônicas* II, 97-99.

Carta a Heródoto

Epicuro a Heródoto, saudações.

Àqueles que não são capazes, ó Heródoto, de a cada um dos nossos escritos sobre a natureza se dedicar diligentemente, nem de os maiores livros examinar de forma ordenada, eu mesmo convenientemente preparei um compêndio de toda a obra para exercitar cuidadosamente as mais completas opiniões na memória, a fim de que em cada uma das oportunidades, nas mais importantes questões, eles possam auxiliar a si mesmos, sempre que o exame da natureza for realizado. E àqueles que já tiverem progredido suficientemente na compreensão das obras completas, convém lembrar a estrutura de toda a obra: pois nos é necessário frequentemente rever o conjunto, o que não ocorre às partes. Então é preciso avançar continuamente em relação às revisões do conjunto, operando de tal forma na memória que a mais segura apreensão dos assuntos fique registrada e, além disso, o conhecimento exato de cada parte será descoberto, com as mais completas impressões sendo bem apreendidas e guardadas na lembrança; e quando acontece a realização do conhecimento exato das partes principais, torna-se possível rapidamente usar as apreensões e reunir cada um dos princípios elementares e cada uma das expressões ou fórmulas breves. Pois o percurso atento de todo o conjunto da obra não pode ser feito se o estudioso não for capaz de, por meio das fórmulas breves ou compactas, compreender e falar sobre cada uma de suas partes com exatidão. De onde se segue a utilidade desse caminho a todos que estão familiarizados com a ciência da natureza, sendo recomendada sua contínua prática; por tal razão, e principalmente para uma vida tranquila, preparei para você também o resumo elementar de toda a nossa doutrina.

Antes de tudo, Heródoto, é necessário apreender as ideias associadas aos sons, para que as opiniões, as investigações e as dificuldades que tivermos sejam julgadas nas coisas às quais nos referimos, e que nada fique sem julgamento, ou seja, demonstrado infinitamente, ou que as nossas palavras se mostrem vazias. Pois é necessário que a noção primitiva de cada som seja observada e nada tenha, ainda, a necessidade de demonstração. Caso contrário, levaremos a dificuldade e a opinião para a investigação que estamos fazendo. Da mesma maneira, é necessário a tudo observar de acordo com as sensações e apreender simplesmente as coisas presentes pela inteligência ou por aquilo que está nos critérios; e igualmente apreender as coisas presentes nas afecções, a fim de que tenhamos sinais sobre aquilo que está por perto e sobre o invisível.

Essas coisas tendo sido destacadas, agora devemos abarcar com o mesmo olhar as coisas em torno do invisível: antes de tudo, nada tem seu nascimento a partir do não ser; fosse assim, tudo nasceria de tudo sem a necessidade das sementes. E, se aquilo que desaparece fosse reduzido ao não ser, todas as coisas tendo sido destruídas, não existiria aquilo no qual elas se dissolveriam. Além do mais, tudo o que agora é da forma presente sempre foi assim e sempre assim o será. Pois não existe nada, além disso, em que possa se transformar. Exteriormente ao todo nada existe, portanto, nada teria entrado nesse todo provocando essa transformação.

O todo é corpo e vazio; pois que ele é corpo, a própria sensação testemunha em todas as coisas, naquilo que é necessário para o raciocínio determinar o que está oculto, como foi escrito antes. E, se não existisse aquilo que chamamos de vazio, o espaço e a natureza intangível não teriam corpos onde ficar nem espaço através do qual se movimentar, como parece que se movimentam. De onde se segue que, exteriormente, a essas coisas nada podemos imaginar, nem no domínio do sensível nem por analogia ao sensível, como fazemos com as naturezas completas,* não sendo possível dizer se são acidentes ou propriedades delas.

Além do mais, dentre os corpos, alguns são compostos e outros compõem os compostos; esses são indivisíveis e imutáveis, se é verdade que nem tudo está destinado a ser destruído no não ser, porém, na destruição dos aglomerados, permanece o que é resistente, completo, segundo a natureza, não tendo como ser destruído de alguma maneira ou em algum lugar. Por conseguinte, o princípio de tudo necessariamente é a existência de corpos indivisíveis.

---

* Naturezas que não são acidentes ou propriedades de outros corpos, mas um corpo ele mesmo.

Além disso, o todo é infinito. Pois aquilo que é limitado tem uma extremidade; e a extremidade sempre é observada próxima daquilo que tem um limite. De modo que não tem extremidade aquilo que não tem limite; e, não tendo limite, seria infinito, e não limitado. E, ainda, o todo é infinito na quantidade de corpos e na grandeza do vazio. Pois se também o vazio for infinito, e os corpos finitos em número, os corpos não ficariam em lugar algum, mas seriam levados ao infinito se dispersando no vazio, não tendo o que lhes servissem de apoio e o que lhes repelissem o choque; se, igualmente, o vazio fosse limitado, não haveria onde os corpos infinitos em número serem alojados.

Os corpos indivisíveis e cheios, com os quais os aglomerados são formados e nos quais são dissolvidos, possuem uma variedade de formas cujo número não pode ser compreendido pelo espírito, pois não é possível que aconteçam tão numerosas diferenças a partir das formas limitadas em número. E, para cada uma das formas simples, existem infinitos átomos semelhantes, porém, as diferenças de formas não são exatamente infinitas, mas apenas inconcebíveis em número. Se não queremos, da mesma maneira, simplesmente atirar as grandezas no infinito.

Os átomos se movimentam continuamente na eternidade, e se distanciam para longe uns dos outros, mas preservam a própria vibração quando se encerram num emaranhado ou são cobertos pelos emaranhados de átomos. Pois a natureza do vazio, separando cada átomo em si mesmo, produz esse efeito, não sendo possível aos átomos lhe opor resistência, nem encontrar a solidez dos próprios aglomerados para produzir o rebote, na medida em que o emaranhado permite, na sequência do choque, o retorno à posição anterior. Mas não existe um princípio para esses movimentos, sendo os átomos e o vazio as suas causas. A exposição de todas essas coisas, tendo sido elas guardadas na memória, oferece um esquema suficiente da doutrina acerca da natureza das coisas existentes.

Os mundos são infinitos em número, os quais são semelhantes e dissemelhantes a esse.* Pois os átomos sendo também infinitos, como há pouco foi demonstrado, são transportados igualmente para a mais longínqua distância; não se perdendo tais átomos, a partir deles um mundo nasceria ou seria composto, não se esgotando nem em um só, nem em um número finito de mundos, nem em todos os semelhantes a esse, nem em todos que diferem desses últimos. Por conseguinte, nada impede que os mundos sejam infinitos.

Existem réplicas semelhantes aos corpos sólidos, as quais ultrapassam folgadamente as coisas sensíveis em sua sutileza de composição. Porque não é impossível que elas sejam produzidas no distante meio que as envolvem, nem que aconteça a confecção das concavidades apropriadas e delgadas, nem que os fluxos contínuos sejam ordenados e conservem a posição que possuem nos corpos sólidos. A essas réplicas chamamos de simulacros. Já o seu movimento através do vazio nada encontram que lhes faça oposição,

---

* Epicuro não o diz explicitamente, mas o mundo a que se refere é, obviamente, o mundo no qual vivem os seres humanos.

acontecendo de realizarem todo o percurso imaginável em um tempo inconcebível. Pois a resistência toma o aspecto da lentidão, e a não resistência, o da rapidez.

Com certeza, não é simultaneamente, segundo os tempos concebidos pela razão, que um corpo se movendo chega a múltiplos lugares – pois isso é inconcebível – e ele, então, chegando no tempo perceptível, vindo de não importa onde no infinito, não estaria separado de um lugar a partir do qual apreenderíamos o movimento. A referida simultaneidade apresenta uma semelhança com a resistência, e nós admitimos, até esse ponto, que a rapidez do movimento não deve encontrar resistência. Assim sendo, é útil guardar também esse princípio.

Por conseguinte, que os simulacros possuam uma fineza insuperável em nada contradiz os fenômenos; de onde se segue também que eles possuem a rapidez insuperável, encontrando todos uma passagem proporcional à sua constituição, nada ou quase nada lhes opondo resistência, apesar do fato de que existe um número infinito deles, diversamente do que ocorre para muitos e mesmo para uma infinidade de corpos, alguma coisa sempre lhes opondo resistência.

Nada infirma ou impede que a gênese dos simulacros sobrevenha ao mesmo tempo que o pensamento. O fluxo que corre da superfície dos corpos é contínuo, sem se tornar visível pela diminuição dos corpos, devido ao processo compensatório; ele conserva durante muito tempo a posição e a ordem dos átomos nos corpos sólidos, mesmo sendo verdade que às vezes se desorganize, e rapidamente pode ocorrer esse resultado devido ao fato de não ser necessário que os agrupamentos ao redor se comportem tal qual o fazem na profundidade, e de alguns outros modos é engendrada a natureza do tipo dos simulacros. Nada disso testemunha contra as sensações, se olhamos de determinado modo para as forças e as representações* simpáticas saídas dos objetos exteriores relativamente àquilo que está próximo a nós.

Também é necessário nos convencermos de que algo vindo dos objetos exteriores e penetrando em nós nos faz ver suas formas e pensar sobre elas; pois os objetos exteriores não imprimiriam em nós a natureza própria da sua cor e da sua forma pelo ar interposto entre nós e eles, nem através dos raios de sol ou qualquer que seja o fluxo saído de nós tendo-os como destino; do modo como ocorre para determinadas impressões vindas a nós a partir de objetos da mesma cor e, também, de mesma forma, de acordo com sua grandeza apropriada para a visão ou para a inteligência, que rapidamente se movimentam e, por essa causa, transmitem a imagem de um objeto único e contínuo, conservando, longe do substrato, a simpatia com ele graças à proporcional vibração do choque dos átomos no fundo dos corpos sólidos. Tal imagem que tomamos com a aplicação da inteligência ou pelos sentidos, seja da forma, seja das propriedades, é a própria forma do sólido, constituída conforme a densidade do simulacro ou com o que resta dele.

---

* Que forças e quais representações são essas? As forças envolvidas na produção e emissão de um simulacro e o acordo cinético ou a idêntica vibração entre o simulacro e seu objeto emissor.

Mas o falso e o errado residem sempre no que é acrescentado pela opinião, o que deve ser confirmado ou não ser infirmado, mas que em seguida não é confirmado ou é infirmado, isso em função de um certo movimento em nós mesmos, ligado à apreensão da imagem, o qual, todavia, é descartado, descarte pelo qual o falso se produz.

Pois a semelhança com os objetos ditos reais e verdadeiros das imagens apreendidas como reproduções, seja aquelas que aparecem durante o sono, seja aquelas que se produzem segundo outros modos de apreensão do pensamento, ou seja pelo restante dos critérios, não existiria se não existissem também tais emanações, objeto de nossa apreensão imediata. O erro, por sua vez, não existiria se não experimentássemos também algum outro movimento em nós mesmos, de maneira bastante apropriada – a apreensão da imagem –, o qual, entretanto, é descartado; conforme esse movimento, sendo ele não confirmado ou sendo ele infirmado, o falso é produzido; se for confirmado ou não infirmado, é produzido o verdadeiro. Consequentemente, também essa tese precisamos reter firmemente, a fim de que nem os critérios fundados nas evidências sejam destruídos, nem que, igualmente, o erro sendo consolidado, a tudo conturbe.

A audição acontece quando alguns fluxos são transportados a partir de quem está falando, ressoando ou fazendo ruídos ou de uma maneira que produza a afecção da audição. Esse fluxo se dispersa em volumes formados por partes semelhantes, ao mesmo tempo conservando alguma simpatia entre elas e a unidade característica, as quais permitem associá-las ao objeto emissor, produzindo, o mais frequentemente, a sensação de que correspondem ao referido objeto; se assim não for, apenas manifestam a exterioridade do objeto em relação a nós, pois, sem alguma simpatia saída dele, não aconteceria essa sensação. Portanto, não é correto pensar que o próprio ar impelido seja modelado pela voz ou por emissões semelhantes, pois a ocorrência da afecção por esse caminho está longe de corresponder à realidade; porém, quando o golpe nos acontece diretamente, ao emitirmos a voz, é feita a expulsão de certas partículas, as quais produzem um fluxo análogo a uma corrente de vento, que nos ouvintes produz a afecção da audição. E, além disso, devemos admitir que o olfato, da mesma maneira que o ouvido, não seria afetado pela afecção se não existissem algumas partículas proporcionais saídas do objeto emissor que chegassem ao sentido do odor, algumas das quais se comportam em grande desordem e o contrariam, e outras das quais convenientemente não o perturbam.

Pensemos também que os átomos não tomam para si qualquer qualidade dos fenômenos, exceto a forma, o peso, a grandeza e tudo o que, por necessidade, está ligado à forma. Pois toda qualidade se transforma, mas os átomos em nada mudam, desde que seja necessário preservar algo de sólido e indestrutível na dissolução dos aglomerados, o que produzirá mudanças sem que haja o deslocamento para o não ser nem que nesse ele tenha a origem, mas por metátese* entre vários corpos e também pelas chegadas e

* Ou a troca de posição entre corpos ou partículas.

partidas de determinados átomos. De onde decorre necessariamente que os elementos que se deslocam sejam incorruptíveis e não possuam a natureza da mudança, mas volumes e formas próprias, pois esses atributos necessariamente também permanecem. E, de fato, próximos a nós, os elementos mutáveis, durante o processo de retração, tomam a forma da matéria ao redor; todavia, as qualidades não subsistindo naquilo que se transforma, da maneira como a forma é preservada, elas desaparecem de todo o corpo. Os elementos que restam são então suficientes para produzir as diferenças dos compostos, desde que, por necessidade, subsistam alguns e não sejam destruídos no não ser.

Entretanto, não é necessário pensar que os átomos possuem todas as grandezas, para que os fenômenos não o infirmem; mas é forçoso admitir que existem diferenças de grandeza, pois, sendo isso acrescentado, será mais fácil dar conta do que acontece nas afecções e nas sensações. Por outro lado, toda grandeza existente não é o bastante para diferenciar as qualidades; para que isso acontecesse, seria necessário, ao mesmo tempo, que os átomos se fizessem visíveis para nós, o que não observamos acontecer, nem concebemos como tal se processaria.

Além disso, não é necessário imaginar que no corpo limitado existam partes em número infinito, independentemente da grandeza que possuam. De maneira que não apenas é preciso rejeitar a divisão ao infinito no sentido da menor parte, para que não tornemos todas as coisas fracas e para que, em nossas concepções dos conjuntos corpóreos, não sejamos forçados, comprimindo os seres, a fazer com que eles sejam consumidos no não ser, como também nada obriga a pensar que, nos corpos limitados, aconteça uma passagem infinita de uma parte a outra ou a movimentação no sentido daquilo que possui sempre a menor dimensão.

Ao contrário do que alguém disse uma vez, não se deve pensar que as partículas de um corpo são infinitas ou que ele possua todas as grandezas. Pois como esse corpo poderia ainda ser limitado quanto à grandeza? É óbvio que essas partículas infinitas têm que ter um tamanho ou outro, e qualquer que seja seu tamanho, infinita será a grandeza. E tendo uma extremidade, o limite pode ser discernido; embora não visível em si mesmo, não é possível não pensar o que se segue como sendo algo semelhante ao que foi observado anteriormente, e, assim, indo sucessivamente passo a passo, chegamos, por meio do pensamento, ao fato de que o infinito existe.

É preciso notar também que a menor coisa na sensação não é exatamente como aquilo que admite a progressão de uma parte a outra, nem completamente diferente em todos os aspectos, mas possui uma certa afinidade com os corpos que realizam tal fenômeno, embora não possa ser dividida em partes. Mas quando, devido à semelhança resultante dessa afinidade de natureza, pensamos distintamente algumas partes dela, uma aqui, outra ali, é necessário que se apresente a nós o igual.*

---

* Isto é, igual a si mesma, à menor coisa presente na sensação, e não uma parte dessa coisa.

A seguir, devemos observar essas coisas* começando pela primeira, e não a partir do mesmo lugar, e tampouco unindo-as umas às outras, mas fazendo a medição das grandezas em suas propriedades particulares, mais em um corpo maior e menos em um corpo menor.

É útil fazer tal analogia e aplicá-la à menor porção do átomo porque está claro que essa pequenez difere daquilo que observamos pela sensação. E, também, faremos a analogia porque o átomo igualmente possui grandeza, tendo somente o cuidado de colocar esse tamanho na menor posição dentre as coisas pequenas. Além do que, é preciso olhar as menores partes como o limite das grandezas, fornecendo a partir delas, enquanto unidades primeiras, a medida para as maiores e as menores grandezas, de acordo com o exame da razão que vê as coisas invisíveis. Consequentemente, a afinidade natural entre essas unidades mínimas e aquilo que não admite a passagem de parte a parte é suficiente para nos conduzir até aqui; entretanto, o agrupamento dessas partes capaz de movimento não é possível acontecer.

No infinito não é necessário dizer que aquilo que está acima ou abaixo equivale ao mais alto ou ao mais baixo. Sabemos, com certeza, que acima da cabeça, onde quer que estejamos, podemos seguir ao infinito: esse nunca aparecerá para nós; ou podemos pensar que o infinito se estende para baixo, mas não

* Ou seja, a menor coisa percebida pela sensação, a qual é qualificada por alguns autores pelo termo latino *minimum*.

imaginar que o mesmo ponto de referência se encontra simultaneamente mais acima e mais abaixo de nós. Se bem que é possível admitir um movimento acontecendo ao infinito para cima e outro para baixo, mesmo se aquilo que está em movimento próximo a nós e em direção aos lugares acima de nossa cabeça chega incontáveis vezes aos pés daqueles que estão acima de nós, ou mesmo se o que está em movimento partindo de nós para baixo chega incontáveis vezes acima da cabeça daqueles que estão abaixo de nós. Dado que os movimentos são pensados uns em oposição aos outros, sem exceção, *ad infinitum*.

Os átomos possuem a mesma velocidade quando, se movendo através do vazio, nada lhes faz oposição. Pois nem os pesados serão levados mais rapidamente do que os pequenos e leves, quando nada se apresentar à sua frente, nem os pequenos mais rapidamente do que os grandes, todos eles tendo uma passagem apropriada, quando a eles nada proporciona qualquer resistência; o movimento igualmente não é mais rápido nem acima nem ao lado devido aos choques, nem abaixo devido ao próprio peso dos átomos. E, pelo tempo que o átomo conservar um ou outro movimento, simultaneamente ele avançará numa velocidade tão rápida quanto o pensamento, até que encontre um obstáculo vindo de fora ou do próprio peso que seja capaz de detê-lo.*

Sobre os corpos compostos, será dito que uns são mais rápidos do que outros, embora os átomos

---

* Difícil não lembrarmos das leis da dinâmica de Newton, notadamente da primeira, chamada de lei da inércia, ao entrarmos em contato com tais pensamentos de Epicuro.

singulares apresentem a mesma velocidade; o que se dá pelo fato de que os átomos compreendidos nos agregados se movem em direção a apenas um lugar no menor intervalo de tempo contínuo, mesmo que eles não se movam apenas em uma direção nos tempos percebidos pela razão, frequentemente se chocando, até que a continuidade do movimento seja percebida pela sensação. Consequentemente, o que é acrescido pela opinião a respeito do invisível, a saber, que os tempos percebidos pela razão também terão a continuidade do movimento,* não é verdadeiro para esses corpos, posto que é verdadeiro ou tudo o que observamos ou toda apreensão que fazemos pela inteligência.

Para que exista a mais firme confiança, é necessário abraçar com o mesmo olhar as coisas trazidas pelas sensações e pelas afecções, visto que a alma é um corpo composto de partículas sutis, disseminado por todo o aglomerado ou organismo, porém mais semelhante a um sopro e tendo alguma mistura de calor. Mas existe uma parte que, pela sutileza de suas partículas, ultrapassa em muito esses mesmos elementos, e que, por essa razão, está mais profundamente em conexão com o resto do aglomerado.** Tudo isso as faculdades da alma revelam, e também as afecções, a facilidade dos movimentos, os pensamentos e as coisas das quais somos privados quando estamos mortos.

---

* Ou seja, que os movimentos percebidos apenas pela razão terão continuidade.

** Também chamada de "alma da alma" ou, por Lucrécio, de "quarta natureza" (*De rerum natura – Da natureza das coisas* – III, 241).

É necessário ter por certo que a causa principal da sensibilidade reside na alma; mas não seria assim, se pelo restante do aglomerado a alma não estivesse, de certo modo, abrigada. E o resto do agregado tendo permitido a ela exercer essa causalidade, dela recebe também sua parte de um tal acidente; todavia, não de todas as coisas que ela possui; de onde decorre que a alma estando separada não mais existe a sensibilidade. Pois em si mesmo ele não possui essa faculdade, mas a procura em outra realidade nascida ao mesmo tempo que ele, a qual, devido à potência constituída em torno dela, de acordo com o movimento percebido, acaba por transmitir imediatamente o acidente a si mesma, e o transmite a ele também graças à sua proximidade e afinidade com ele, como já dito. Por isso, também, a alma continuando presente no corpo, ainda que alguma outra parte do agregado tenha sido subtraída, não haverá jamais a ausência de sensação; mas se ela morre em tal lugar, isso se dá porque aquilo que a abriga é destruído inteiramente ou em parte; todavia, permanecendo, ela salva a sensibilidade. Ao contrário, permanecendo o resto do agregado, inteiramente ou em parte, não existirá a sensibilidade, se a quantidade de átomos que concorrem para formar a natureza da alma foi embora, por menor que ela seja. Além disso, dissolvendo-se todo o aglomerado, a alma se dispersa e não mais existem essas faculdades, nem tampouco o movimento, de maneira que ela não mais possui a sensibilidade. Pois não é possível conceber a alma dotada de sensibilidade se ela não toma parte nesse sistema e se é incapaz de movimento, quando aquilo que a abriga e a envolve não é tal que, agora, possua tais movimentos.

Outrossim, aqui é necessário notar que chamamos de "incorpóreo", seguindo o uso mais frequente do termo, aquilo que pode ser pensado em si mesmo, nos esquecendo que não é possível pensar o incorpóreo em si mesmo, exceto o vazio. Pois o vazio não pode causar nem sofrer afecção, mas somente por meio dele o movimento é oferecido aos corpos. De maneira que aqueles que dizem que a alma é incorpórea procedem de forma vã. E nada seria capaz de afetá-la, nem ela seria capaz de afetar alguma coisa, se isso fosse verdade. Mas está evidente agora que a alma é suscetível a ambos os acidentes, ou seja, ela tanto recebe a afecção quanto é capaz de provocá-la.

Por conseguinte, todos esses raciocínios em torno da relação da alma com as afecções e as sensações, lembrando, desde o princípio, das coisas que foram faladas, nós veremos que estão contidos no esquema aqui apresentado, de um modo suficiente para que, a partir deles mesmos, possam ser precisados de uma maneira segura em suas particularidades.

Em compensação, as formas, as cores, as grandezas, os pesos e todas as outras coisas que são ditas como propriedades inseparáveis de todos os corpos, seja daqueles visíveis, seja daqueles cognoscíveis pela sensação dessas propriedades, não devem ser consideradas como naturezas existentes em si mesmas – pois isso não é concebível –, nem que absolutamente inexistam, nem como espécies de entidades outras, os incorpóreos, se ajuntando ao corpo, nem como partes desse; porém, é preciso olhar o corpo em seu conjunto como tendo, graças a todas essas propriedades, sua natureza própria e permanente, não da espécie do aglomerado (como quando pela agregação das próprias partes um composto maior é formado, seja a partir dos constituintes primeiros, seja a partir das grandezas menores que esse todo possui, quaisquer que sejam elas), mas somente, eu dizia, como tendo constituído sua natureza própria e permanente a partir de todas essas propriedades. E todas essas propriedades possuem seus modos próprios de apreensão e de discriminação, desde que o conjunto as acompanhe e delas não se separe jamais, porém, recebendo sua predicação de acordo com a noção de conjunto do corpo.

Aos corpos frequentemente ocorrem muitos acidentes, sem que eles os acompanhem permanentemente, que tenham lugar entre os invisíveis e que sejam incorpóreos. De maneira que, nos servindo dessa palavra em sua acepção mais comum, tornamos claro que os acidentes não possuem a natureza do todo, o qual, tomado no seu conjunto, chamamos de corpo, nem possuem a natureza das propriedades que acompanham o corpo permanentemente, sem as quais não é possível concebê-lo. E, segundo determinadas apreensões, dizemos que os acidentes acompanham a cada aglomerado, quando os observamos, quaisquer que sejam, movendo-se conjuntamente, pois os acidentes também não acompanham os aglomerados permanentemente. E não devemos expulsar do ser essa evidência, a qual não possui a natureza do todo que ela acompanha, o qual também chamamos de corpo, nem possui a natureza das propriedades que a esse acompanham permanentemente. Por outro lado, os acidentes não mais devem ser pensados como existentes em si mesmos (pois isso não é imaginável nem por eles mesmos nem por meio das propriedades permanentes), porém, todas essas coisas que aparecem casualmente, é necessário pensá-las como acidentes, que não acompanham permanentemente um corpo nem possuem por eles mesmos a categoria de uma natureza, sendo a sensação a responsável por lhes determinar o caráter próprio.

Neste ponto, veementemente prestemos muita atenção; pois não se deve examinar o tempo como as outras coisas, tantas quais sejam, que examinamos em um substrato, as relacionando às prenoções que percebemos em nós mesmos, mas fazê-lo levando em conta a própria coisa evidente, segundo a qual dizemos um tempo ser "longo" ou "breve", o exprimindo de uma maneira conforme essa evidência. E nem é necessário mudar os termos para outros mais adequados; todavia é necessário usar os termos já existentes a propósito do tempo; igualmente, é desnecessário propor sobre ele qualquer outra coisa como se essa possuísse a mesma essência daquilo que lhe é próprio – alguns também o fazem – e, maiormente, devemos considerar somente ao que unimos essa característica particular e com o que a comparamos. Pois o tempo não tem necessidade de demonstração, mas de reflexão, que aos dias e às noites associamos, e às partes dessas, como também às afecções e às não afecções, e aos movimentos e às coisas que estão em repouso, concebendo, a propósito dessas coisas, um certo acidente particular, o qual, precisamente, nominamos como "o tempo".

Dito isso, agora é preciso considerar que os mundos, e todo composto limitado do mesmo gênero das coisas que nós vemos todos os dias, são nascidos do infinito, todos eles se formando por descolamento a partir de aglomerados particulares maiores ou menores, e depois todos se dissolvendo, seja rapidamente, seja lentamente, uns sofrendo a dissolução por um conjunto de causas, outros, por outro conjunto de causas.

E não é necessário pensar que os mundos, por necessidade, têm uma única forma, porém, alguns deles podem ter a forma de uma esfera, outros, serem ovais, e outros serem de aspecto diferente; entretanto, eles não possuem todas as formas. Nem tampouco é necessário pensar que os seres vivos estão separados do infinito. Pois não seria possível demonstrar que em um mundo os germes, a partir dos quais se formam os animais, as plantas e todo o resto do que vemos, não poderiam estar contidos e que, em outro, poderiam estar. Mas é necessário pensar que eles são alimentados do mesmo modo que na terra.

Devemos admitir também que a natureza foi instruída e constrangida pelas circunstâncias, recebendo delas lições múltiplas e variadas; e que, em seguida, o raciocínio, devido ao que foi por ela transmitido, acrescenta a precisão e faz novas descobertas, mais rapidamente em certos domínios, em outros mais lentamente, e em certos períodos e momentos, com maiores progressos, e em alguns outros, com menores.

De onde se segue que, os nomes, no princípio das coisas, não surgiram por convenção, porém, a própria natureza dos homens, em cada povo sofrendo afecções particulares e recebendo imagens particulares, fazendo sair de uma maneira peculiar o ar emitido sob o efeito de cada uma das afecções e imagens, gerou, nos diferentes lugares, a diferença entre os povos. A seguir, em consenso comum, em cada povo as particularidades da linguagem foram fixadas, a fim de que as designações se tornassem menos ambíguas entre os homens e mais brevemente expressas. E, para certas coisas, aquelas que não são descobertas simultaneamente às outras, aqueles que delas têm conhecimento, introduzindo-as, observando em circulação certos nomes, são forçados a exprimir alguns, mas escolhem outros pelo raciocínio, conforme a razão principal de assim os exprimir.

Não é necessário acreditar, no que diz respeito aos corpos celestes, que o movimento, o tropismo, o eclipse, o nascimento e o ocaso dos astros e os fenômenos análogos a esses aconteçam devido a um agente que ao mesmo tempo possua a mais completa beatitude e a imortalidade e os ordenem presentemente ou os tenha ordenado no passado (pois as ocupações, as preocupações, as cóleras e os favores não estão de acordo com a perfeita felicidade, mas essas coisas se produzem lá onde se encontra a fraqueza, o medo ou a dependência do próximo), nem que tudo isso (os corpos celestes), sendo não mais do que fogo aglomerado em uma massa, possua a felicidade e voluntariamente conduza esses movimentos. Entretanto, é preciso preservar toda a majestade do divino em todos os modos de falar que têm relação com tais noções, para que a essa majestade do divino não se oponham as opiniões; caso contrário, a própria contradição preparará para as almas a maior perturbação.

Eis por que é preciso julgar que essa "necessidade"* e essa "revolução"** se realizam em consequência do modo como a matéria se encontra aprisionada, desde a origem, nesses conglomerados,*** para o nascimento do mundo. Além do mais, é preciso pensar que é trabalho da ciência da natureza apontar a causa dos principais fenômenos, e que a felicidade no conhecimento das coisas do alto aí se encontra, e no fato de saber quais naturezas são aquelas que vemos nos fenômenos celestes e conhecer precisamente todos os fenômenos semelhantes a esses. E, ainda, em tais casos, não existe a explicação múltipla nem a possibilidade de que seja assim ou de outra maneira; e, numa palavra, não existe absolutamente nada na natureza imortal e feliz daquilo que provoca a divisão ou a desordem. Pelo pensamento é possível apreender que as coisas são incontestavelmente dessa forma.

Mas na investigação é apurado que o ocaso e o nascer dos astros, o tropismo, o eclipse e todos os fenômenos semelhantes a esses em nada contribuem à felicidade que permite o conhecimento, quando aqueles que conhecem as coisas, mas ignoram quais são as naturezas e quais são as causas principais, têm os mesmos medos que teriam se não as conhecessem, talvez mesmo ainda maiores, pois o espanto vindo do aumento do conhecimento dos fenômenos não acaba pela apreensão do ordenamento dos fatos fundamentais. Por isso, descobrimos muitas causas

---

* De que as coisas sejam dessa maneira e não de outra.

** Dos fenômenos celestes.

*** Atômicos.

para os tropismos, os nascimentos e os ocasos dos astros, os eclipses e eventos similares, assim como ocorre às suas partes, e não é necessário acreditar que nossa maneira de tratar esses fenômenos não atinge a exatidão, tal qual ela implica em nossa tranquilidade e em nossa felicidade. De modo que, examinando o que acontece de múltiplas maneiras próximo a nós, é preciso inferir as causas dos fenômenos celestes e de todos os que não são visíveis, desprezando aqueles que não conhecem os fenômenos que nos dão uma imagem vinda de longe, nem o que é ou se produz de uma só maneira, nem o que chega de muitas maneiras, e, ainda, desprezando os que ignoram em que casos não é possível permanecer sem perturbação. Se então suspeitamos que um fenômeno admite ser produzido de um modo particular, e em condições nas quais é igualmente possível estar sem perturbação, sabendo que ele é produzido de muitas maneiras, devemos ficar tranquilos como se soubéssemos que ele é produzido de um certo modo particular.

Além de todas essas observações gerais, é preciso considerar o seguinte: que a maior perturbação à alma humana tem sua origem na opinião de que os corpos celestes são felizes e incorruptíveis e, ao mesmo tempo, têm uma vontade contrária às qualidades da beatitude e da incorruptibilidade, e que praticam ações contra elas e delas são também causas contrárias; e, em conformidade com os mitos, na espera ou na suspeita de alguma pena terrível e eterna, ou, ainda, na temeridade à própria insensibilidade que existe no estar morto, como se isso tivesse alguma relação conosco, e na experimentação dessas coisas não em virtude das opiniões, mas de alguma disposição de espírito irracional, em razão da qual, sem determinar o que deve ser temido, os homens se tornam presas de uma perturbação igual àquela que experimentariam se tivessem sobre essas coisas opiniões firmes ou mesmo mais fundamentadas.

Mas a *ataraxia* liberta de todos esses temores e retém a lembrança constante do conjunto da obra e das sentenças principais. Pelo que é necessário prestar atenção às afecções presentes e às sensações, às coisas comuns de acordo com o que é comum, às particulares de acordo com o que é particular, e a toda evidência presente de acordo com cada um dos critérios de julgamento. Pois, se prestamos atenção a essas coisas, corretamente procuraremos a causa do nascimento da perturbação e do medo, e os destruiremos, explicando as causas dos fenômenos celestes e dos demais que sobrevêm sem cessar, os quais são tantos que apavoram ao extremo os outros homens.

Esses, ó Heródoto, são os assuntos para você resumidos enquanto o conjunto das principais doutrinas sobre a natureza, de modo que esse discurso torna possível, se retido com precisão, suponho, a qualquer estudioso, mesmo se esse não avance com precisão em todas as suas partes, oferecer a si mesmo uma força incomparável relativamente aos outros homens. Pois também, a partir de si mesmo, ele tornará claras muitas coisas, as quais, precisamente, expus em detalhe ao longo de todo o nosso estudo, e tendo essas informações na memória elas continuamente o ajudarão, visto que elas são tais que mesmo aqueles que estão iniciados suficientemente ou até perfeitamente apenas em um dos seus tópicos do assunto, ao remontar a tais visões de conjunto, conseguem levar a bom termo a maior parte dos estudos acerca da natureza tomada em sua totalidade. E todos aqueles que não completamente estão iniciados nesses assuntos, a partir deste resumo aqui, e de uma maneira que não recorra ao ensino oral, conseguem fazer, com a prontidão do pensamento, a revisão das doutrinas mais importantes para atingir a serenidade.

MÁXIMAS CAPITAIS

As “Máximas capitais” perfazem a coleção de quarenta pensamentos ou máximas recolhidas pelo doxógrafo Diógenes Laércio, no século III, e cujo título foi dado por ele mesmo. Sua intenção, com tal titulação, era ressaltar a importância de tais frases no conjunto de pensamentos de Epicuro, já que representam, a seu ver, o núcleo central das ideias do filósofo.

É no final do livro X que ele assim escreve: “Sigamos em frente, acrescentemos agora, como se diz, a coroação ao edifício da vida e das obras do filósofo, trazendo suas *ideias principais* e, para concluir toda a nossa obra, digamos, por fim, qual é o princípio da felicidade”.

O princípio da felicidade Diógenes não diz qual é, dessa forma ficando uma lacuna no livro, ou talvez tenha dito e tenha se perdido com o passar dos séculos. Todavia, isso não faz falta, pois conhecemos o referido princípio com a obra de Epicuro. E, se quisermos reduzir o pensamento do mestre a um princípio apenas, diremos que ele se encontra na prática da filosofia, como está dito na “Carta a Meneceu”; entretanto, não podemos esquecer dos outros componentes para uma vida feliz, como a moderação dos desejos e o estudo da ciência da natureza, a fisiologia.

O que é um doxógrafo? Um intelectual que escreve a biografia de outro intelectual e recolhe os seus textos, geralmente comentando-os e preservando para a posteridade. Podemos citar Lucio Flavio Arriano (c. 92-175) e Sexto Empírico (século III) como doxógrafos, muito embora o foco principal de seus trabalhos tenha sido, respectivamente, a história e a filosofia, tendo eles legado circunstancialmente para a posteridade a obra dos autores com os quais trabalharam.

Diógenes Laércio (~200-250) provavelmente nasceu em Laércio, na Cilícia, atual Síria, ou tenha o nome derivado do nome de seu pai. Paradoxalmente, pouco se sabe de sua vida. Possivelmente seja o maior doxógrafo do mundo antigo, tendo compilado o pensamento dos filósofos desde os pré-socráticos até os helenísticos, sendo o último deles, na ordem por ele estabelecida, precisamente Epicuro de Samos. Ou seja, a história da filosofia deve a ele sua sistematização e a própria existência.

Seu livro, *Vida e obra dos filósofos ilustres*, dividido em dez tomos, recolhe parte das obras dos pensadores gregos e latinos e também as apresenta, junto com a informação biográfica desses personagens. No caso de Epicuro, quase toda a obra do pensador foi preservada graças à ação de Laércio. O restante conhecido do primeiro filósofo helenístico é extraído do *Gnomologium Vaticanum*, encontrado na Biblioteca do Vaticano, dos códices descobertos principalmente ao longo da Idade Média, e, ainda, títulos e minúsculos fragmentos dos chamados *Papiros de Herculanum*, papiros encontrados nas cinzas das ruínas de Herculano, na cidade homônima, que foi arrasada, bem como toda a região, no ano 79 da era cristã, quando o monte Vesúvio, aparentemente extinto, resolveu se manifestar. O conteúdo integral desses papiros não está disponível para estudos. A cidade do Golfo de Nápoles, mais próxima do Monte Vesúvio do que a própria Pompeia, foi redescoberta no século XVIII, e na vila, também chamada Herculano, que pertencia a Lucius Calpurnius Piso Caesoninus, o cônsul romano, em 58 a.C. foi encontrada, fossilizada pelas cinzas, a biblioteca de papiros contendo reminiscências de textos de Epicuro. Vale lembrar que ele frequentava o círculo de amizades do cônsul, Filodemo de Gádara, filósofo epicurista que reuniu na vila discípulos e amigos com propensões filosóficas e literárias e que tinham conexões até com o poeta Virgílio. O professor Carlos Lévy nos diz que sua obra testemunha uma abertura para as outras escolas filosóficas, tanto que, além de escrever a história do epicurismo, o cônsul escreveu também a da Academia de Platão e a do Pórtico dos estoicos. A primeira está contida no *De Epicuro*, e a segunda, no *Syntaxis philosophorum* [Sintaxe dos filósofos], a qual se constitui, segundo Lévy, na fonte mais preciosa para a historiografia dessas escolas.*

As máximas não aparecem no texto de Diógenes tal como são apresentadas pelos autores modernos, isto é, separadas, numeradas e catalogadas, o que dá destaque a cada uma delas e realça sua importância,

---

* Carlos Lévy é professor da Universidade Paris-Est-Créteil. As informações se encontram no livro do professor *Les philosophies hellénistiques*, capítulo II; especificamente para Filodemo de Gádara, p. 37.

mas dispostas como se faz em um texto corriqueiro de prosa.

Os seus temas variam entre felicidade (1), morte (1), prazer (7), dor (1), segurança (5), temor (2), caráter (3), sabedoria (1), justiça (9), desejo (4), teoria do conhecimento (3) e amizade (3).

Ou seja, o assunto principal ou mais recorrente nas máximas é a justiça. Nada menos do que nove ou quase um quarto delas é dedicado ao tema. São a de número XVII e as que vão do número XXXI ao XXXVIII.

A preocupação de Epicuro com o problema não é sem causa, visto que a comunidade à qual pertencia estava no limite do que a cidade de Atenas toleraria enquanto invasão ao seu modo de vida e, no passado, por razões dessa espécie, haviam ocorrido outros casos de abuso de autoridade ou de injustiças cometidas por autoridades legalmente constituídas, como, por exemplo, o de Sócrates, acusado de atentar contra os deuses e corromper a juventude. E o tão absurdo caso de Anaxágoras, acusado de dizer que o Sol era uma bola de ferro incandescente e que a Lua, além de ter sua origem na Terra, refletia a luz do sol; verdades que hoje sabemos parciais, mas que no seu tempo eram tratadas como intoleráveis falsidades. Em outras palavras, a liberdade de pensamento não era plena, e os habitantes do Jardim, a escola-comunidade de Epicuro, deviam cuidar o que diziam e pensavam. Alguns autores consideram, inclusive, que a aceitação da ideia de deus no sistema filosófico de Epicuro se deveu ao temor da acusação de impiedade contra os deuses e da pena capital.*

---

* Por exemplo, Marcel Renault, *in: Épicure*, p. 74.

A qualidade primeira e marcante da ideia de justiça para Epicuro é seu caráter convencional; de maneira alguma ela é, para ele, um dado natural ou transcendente aos homens. É uma convenção, nada mais do que isso, e ele insiste em utilizar a palavra "acordo" para se referir ao que é justo. A discussão dos filósofos que o antecederam, notadamente Platão e Aristóteles, se dá em torno da lei, e eles perguntam se essa é um dado natural e que, portanto, escapa às mãos dos homens, ou se ela é um produto exclusivamente do homem no meio social. A pergunta de Epicuro, ao contrário, recai sobre o justo, visto que as leis refletem diretamente as convenções sociais. Nesse sentido, o lacônico Epicuro, que não desenvolveu uma teoria tão complexa quanto os grandes filósofos do mundo clássico, não faz rodeios e vai diretamente ao ponto fulcral. Ou seria possível que a lei fosse mais importante do que o justo?

A noção de pacto social, presente em Thomas Hobbes, Jean-Jacques Rousseau e tantos outros filósofos modernos, encontra em Epicuro um longínquo antecedente, como o demonstram as máximas de números XXXII, XXXIII, XXXV e XXXVI. Aqui, o acordo feito entre os homens é de não agredir uns aos outros, tão importante quanto não se permitir ser agredido. De onde concluímos que também é uma injustiça não se defender ou não reparar o dano sofrido. Ainda porque a ação injusta que fica sem reparo contamina todo o meio social, gerando desequilíbrio e reavivando a ideia de que é possível cometer a injustiça sem que haja punição. Em resumo, a impunidade estimula o crime e a injustiça.

A máxima XXXIV é chocante. Diz ela que a injustiça (ou a ação injusta) não é um mal em si mesmo. O mal está na incerteza de poder escapar impune. Para Epicuro, não há a condenação moral em atos como matar ou roubar. Aqui, o problema é apenas legal. Aquele que comete atos como os mencionados poderá escapar dos braços da lei? Acaso possa, terá uma vida feliz, sem peso na consciência. Não podendo, pagará por seu ato, não por seu erro. Aqui não existe contradição com a ideia do pacto de não agressão? Absolutamente. O plano da teoria se confunde com o plano real. Os homens devem ter plena ciência de que estão livres para fazer qualquer coisa, mas não podem se esquecer de que suas ações terão consequências. Não é a consciência moral que garante a justiça social, e sim o poder de punição do aparelho legal e a sua capacidade de gerar medo ou aplicar as leis.

A segunda marca do justo em Epicuro, sendo a primeira a convenção, é a utilidade: não havendo a utilidade, não ocorrerá o justo. Quer dizer, a ideia de justiça distante e pairando para além do dia a dia dos homens inexiste para Epicuro. O justo precisa ser demonstrado na prática das ações e dos litígios, ele precisa demonstrar que serve para fazer o corpo social funcionar. Assim, não é desarrazoado supor que o conceito de justiça baseado no hábito encontre em Epicuro um apoiador: o que era hábito se transforma em lei, essa não pode ser o decreto de um distante togado no fórum da cidade. A máxima de número XXXVII deixa isso bem claro, informando que onde há a utilidade, há a justiça, e onde a utilidade deixa de existir desaparece, consequentemente, aquilo que é justo. Já a máxima de número XXXVI informa que a ideia de justiça ou do justo varia de acordo com cada local, ou, atualizando os termos, país ou povo, pois o útil, da mesma maneira, sofre essa variação. Não há uma justiça universal para Epicuro, que caiba indistintamente a todos os homens; em cada localidade, os agrupamentos humanos encontram o justo que mais lhes convêm.

Mas como interpretar a máxima de número XVII, que diz que o justo está pleno de ordem, e o injusto, de desordem? Aqui não se trata de drama de consciência ou culpa moral. Ela não se refere a alguém que, preso pela religiosidade ou cultura, como em *Crime e castigo*, livro arquetípico de Fiódor Dostoiévski sobre o assunto, sofre com uma punição psicológica autoimpingida. O injusto refere-se ao meio social que está cheio de perturbação e desequilíbrio porque alguém infringiu a lei e a vítima e o próprio meio pedem reparação, ou ao praticante do ato de infração, que teme ser apanhado pelas autoridades, mas sem que esse temor tenha origem em um conflito moral.

A amizade não poderia faltar nessas máximas; ela se encontra nas de números XXVII, XXVIII e XL. Mas na de número XXVIII, Epicuro fala de segurança absoluta, o que é bem improvável que ocorra, pois ninguém é confiável a este ponto: "A amizade realiza a segurança em seu ponto mais alto nas coisas sazonais"; ou seja, nas coisas que têm um período de duração e acabam, em oposição à eternidade. Ou devemos confiar cegamente no amigo? A amizade possui, de fato, esse caráter inquebrantável? Lembrando que ele mesmo foi vítima de *apostasia*: Metrodoro de Stratonice abandonou o círculo de amizades de Epicuro para se integrar à Academia platônica e, à sua saída, acusou o mestre de gula e licenciosidade, acusação que o mundo consagraria como os maiores vícios de Epicuro.* Assim, não se trata de exagerado entusiasmo sua loa à amizade? Os amigos não devem ser igualmente vigiados?

As temáticas dominantes se encerram em prazer (7), segurança (5), caráter (3), desejo (4) e teoria do conhecimento (3). As demais se explicam por si só.

A teoria do conhecimento, presente nas máximas de números XXIII e XXIV, indica como funciona o modo pelo qual a inteligência dos homens atinge o conhecimento verdadeiro, segundo o filósofo. Esse modo começa na percepção ou nos sentidos, que enviam as informações recebidas do exterior para a inteligência, que então, por meio do seu exame, separa o que é verdadeiro do falso. Isto é, encontramos aqui um antecedente para a tese de que o homem nasce como uma tábula rasa, sem nada conhecer, tendo na experiência a fonte primeira para seu saber. O critério de verdade pode ser tanto a realidade material, para as informações de natureza material, como a posição de um elemento geográfico, tal como uma montanha, quanto a capacidade crítica da própria inteligência operando com dados naturais (ou materiais) e abstratos, por exemplo, as ideias de justiça e de amizade.

---

* Completa o acadêmico Carlos Lévy: "Além disso, os fenômenos de dissidência que caracterizaram as outras escolas helenísticas não pouparam o epicurismo, sendo Timócrates de Lâmpsaco quem elabora grande parte da temática antiepicurista". *Les philosophies héllenistiques*, p. 36. Adaptado.

Quanto ao desejo, as máximas de números XXI, XXVI, XXIX e XXX dizem que esse deve se manter no nível mais baixo de exigência, ou seja, no nível da natureza, que equivale ao nível da necessidade. Como fazer isso em um mundo que estimula o desejo e o consumo, em vez de ensinar a temperança? Essa é uma característica da humanidade em geral, e a queixa dos pensadores contra o excesso e a desmedida vai desde os antigos até os contemporâneos. No mundo capitalista, essa batalha se acirra, posto que o consumo está na dinâmica da economia e da fundamentação da identidade dos indivíduos. O limite da dor é o limite sugerido por Epicuro para barrar o desejo. Por exemplo, eu preciso de um bom prato de comida para matar minha fome, não de um jantar no restaurante mais caro da cidade. E eu preciso de uma roupa confortável para me proteger do frio, não aquela que traz agregada a si o duvidoso valor conferido pela opinião pública, sem que em sua função primeira, proteger contra o frio, nada acrescente.

O caráter ocupa as máximas de numeração XV, XXV e XXXIX. Epicuro não utiliza esse termo, evidentemente, o qual é mais bem conhecido pelo público e pela cultura moderna; todavia, se dirige diretamente a alguém ou ao leitor em geral; ou seja, coloca na pessoa a responsabilidade pela felicidade ou a infelicidade dos resultados das ações ou omissões praticadas. Em particular, na máxima de número XV, o caráter aparece como o fruto da escolha: ou o indivíduo escolhe o caminho fácil da natureza ou segue a estrada sem fim das opiniões vazias. Na de número XXV, ocorre a cobrança de coerência entre as palavras e as ações, e a

XXXIX exorta à maestria de si mesmo, pois os homens podem ter controle sobre si mesmos, mas não sobre os eventos do destino.

O tema da segurança é o terceiro mais abundante nas "Máximas capitais". A que segurança se refere Epicuro? À segurança de viver entre os homens (VI, VII, XIII e XIV) e à segurança em relação aos fenômenos naturais e à morte (XII e XIII).

Um dos fatores que levam os homens a viverem em sociedade é a proteção que eles obtêm contra outros homens e contra as intempéries da natureza. Para não serem atacados por clãs ou tribos diferentes, os primeiros aglomerados humanos foram formados, dando origem posteriormente às cidades e aos países. Para se protegerem de tempestades, do frio ou do calor excessivo, os indivíduos viram igualmente na associação entre iguais um fator de grande utilidade.

Mas vivendo em sociedade, os homens constataram que as apontadas razões para a união muitas vezes são ultrajadas, pois os componentes de uma mesma comunidade se agridem mutuamente e de nada adianta, em determinados casos, suas táticas contra as intempéries.

Epicuro pergunta exatamente até onde vai o limite da desejada segurança, concluindo que a segurança para a vida entre os homens deve ocorrer simultaneamente com a segurança relativa aos fenômenos da natureza e à morte. E, além disso, a fórmula para esse último temor é a filosofia, a qual liberta do pensamento mítico que vincula moralidade a eventos puramente físicos, como se, por exemplo, um furacão viesse para varrer da Terra os ímpios, e esclarece que a morte nada significa aos vivos e que, portanto, eles nada têm a temer. Quanto à segurança que é possível obter em sociedade, o pensador recomenda o afastamento da vida social e uma existência tranquila orientada pelos princípios da natureza, os quais, aqui, podemos reduzir à simplicidade.

Por fim, o tema do prazer, menos abundante apenas que o da justiça, ocorrendo nas máximas de números V, VIII, IX, X, XVIII, XIX e XX.

Trata-se de um tema ligado diretamente à questão do desejo. Na economia de Epicuro, tanto melhor será o prazer quanto mais moderado for o desejo. O que está na contramão de tudo o que vemos nos dias de hoje, cuja voz pública insiste que *quanto mais, melhor.* Obviamente, tal política redunda nos vícios, os quais trazem mais malefícios do que o desejado prazer, ou, dizendo de outra forma, trocam uma vida inteira pela satisfação de apenas um prazer.

Esse é o momento em que Epicuro faz equivaler o prazer com a injustiça, pois ele diz também que absolutamente qualquer prazer é um mal em si mesmo, mas se transforma em algo deletério quando passa a trazer mais malefícios do que propriamente prazer (vide Máxima VIII). O prazer deve ser moderado e andar ao lado da temperança, da justiça e da honestidade, como o demonstra a máxima de número V, e podemos entender a moderação como uma forma de prazer, pois ela evita os males do excesso e da busca sôfrega pela satisfação. Tal refreamento manifesta que o prazer trazido pela alma é superior ao obtido pelo corpo, e a inteligência mostra, ainda, que o desejo por prazer da carne é infinito e que, quando chega a hora da morte, ela se lamenta pelos prazeres que vai perder; tolamente isso se dá, pois o que não existe mais nem mais existe para sentir o prazer e nem mesmo para se lembrar do que teria perdido.

Treze são as máximas que se repetem nas "Sentenças vaticanas"; são elas as de números I, II, IV, V, VIII, XII, XIII, XV, XVII, XIX, XXVII, XXIX e XXXV.

D.B.

Máximas capitais

I.* Aquele que é feliz e incorruptível não traz dificuldades a si próprio nem as leva a outro além dele mesmo, de tal sorte que nem a cólera e nem a graça daí decorram conjuntamente;** mas ao fraco tudo se passa de tal maneira.

II.*** A morte não é nada para nós; pois aquele que está morto nada sente, e aquele que nada sente, não é nada para nós.

III. O limite da grandeza dos prazeres é a eliminação de todas as dores. E onde existe o prazer, durante o tempo em que ele decorre, não há a dor ou o sofrimento ou ambos.

IV.**** De maneira contínua, a dor, na carne, não dura muito tempo. Por um lado, a dor extrema permanece pelo menor tempo, por outro, a dor que ultrapassa o

---

* Sentença vaticana número 1.

** Isto é, de tal sorte que não seja atingido pela cólera e nem se faça presa da benevolência alheia.

*** Sentença vaticana número 2.

**** Sentença vaticana número 3.

prazer na carne durante muitos dias não persiste. E as dores das doenças que superlativamente resistem por muito tempo, levam mais prazer do que dor à carne.*

V.** Não é aprazível viver sem a prudência, a bondade e a justiça e nem é prudente, bom e justo viver sem o prazer. Mas qualquer que seja esse viver, ele não exclui o viver prudentemente, de bom modo e justamente; não é esse o viver prazerosamente.

VI. A segurança dos homens se encontra no princípio da natureza e no bem da realeza, desde que, por causa dessas coisas, seja possível proporcioná-la.***

VII. Alguns quiseram se tornar célebres e famosos, pensando, deste modo, obter segurança entre os homens.

---

* Tese de difícil defesa, pois ainda que uma doença crônica traga dor de baixa intensidade, ela traz a dor. A saída é aqui entender o prazer como ausência de dor, simplesmente, pois evidentemente a doença não traz o prazer a uma pessoa sã; isso pode acontecer nos casos em que haja psicopatologias.

** Sentença vaticana número 5.

*** Máxima que encontra dupla interpretação, pois existem diferenças inclusive no texto original. Um tradutor alcança o resultado como o apresentado acima, e outro, se permite o seguinte: "A segurança dos homens se faz no encontro do bem da realeza com o princípio da natureza, desde que, por causa dessas coisas, seja possível proporcioná-la" (Marcel Conche). Uma terceira tradução é mais econômica: "A segurança dos homens se encontra no princípio da natureza, desde que seja possível proporcioná-la" (Cyril Bailey).

De tal sorte que, se, de um lado, a vida desses homens foi segura, eles tomaram o bem segundo a natureza; do outro, se a vida deles não decorreu em segurança, então, por conta disso, eles não seguiram o princípio da natureza, o instinto para o qual nos inclinamos.

VIII.* Nenhum prazer é um mal em si mesmo; mas determinados prazeres são produzidos por coisas que trazem consigo muito mais perturbações do que prazer.

IX. Se todo prazer se condensasse no tempo e se espalhasse por todo o corpo ou pelas partes mais importantes da sua natureza, os prazeres não se diferenciariam uns dos outros.**

X. Se as coisas que produzem os prazeres dos depravados libertassem a inteligência do medo acerca dos fenômenos celestes, da morte e das dores e, além disso, ensinassem o limite dos desejos, não teríamos o que repreender naqueles que, de todos os modos, são completados por prazeres e de nenhum modo carregam nem a dor e nem o sofrimento, sendo essas coisas o que precisamente representam o mal.

---

* Sentença vaticana número 50.

** Aqui, Epicuro refere-se às diferenças existentes entre os prazeres do corpo e os da alma. Não se trata de diferença de natureza, mas de localização e do tempo de duração do prazer. O prazer corporal se localiza na parte irracional do homem, e o prazer anímico, na parte racional. O primeiro tem a duração do momento em que acontece, e o segundo tem esse momento e pode ainda ser guardado na memória ou "condensado" para desfrute posterior.

XI. Se as suspeitas sobre os fenômenos celestes em nada nos perturbassem, bem como os temores sobre a morte, não é o caso que para nós ela signifique alguma coisa, e, além disso, não refletíssemos acerca do limite das dores e dos desejos, não saberíamos mais sobre a ciência da natureza.*

XII.** Não haveria o medo da libertação das coisas mais importantes e não ficaríamos conjecturando acerca dos mitos se examinássemos o que tem a natureza na sua totalidade; sendo assim, sem a ciência da natureza não recuperaríamos os prazeres puros.***

XIII.**** É inútil procurar a segurança em relação aos homens desconfiando das coisas nos céus, das coisas colocadas sob a terra e, numa palavra, no infinito.*****

---

* Contrariamente ao que combate ao longo das "Máximas capitais" (vide, por exemplo, a de número X), das "Sentenças vaticanas" e da "Carta a Meneceu", aqui Epicuro faz um elogio às avessas à ignorância, pois sem essa ignorância acerca dos fenômenos celestes, da morte, da dor e do desejo, a ciência da natureza ou fisiologia não evoluiria.

** Sentença vaticana número 49.

*** As coisas mais importantes são a morte e os fenômenos celestes, incluindo os atmosféricos. Os prazeres puros, aqueles trazidos pelos desejos naturais e necessários e não imiscuídos de preocupações inúteis e ambições inatingíveis.

**** Sentença vaticana número 72.

***** Epicuro refere-se ao entendimento dos fenômenos da natureza, que pareciam causar terror aos homens (cont.)

XIV. A segurança dos homens acontece até o ponto em que estejam presentes a capacidade inabalável de sustentá-la e a abundância de riquezas; mas ela ocorre de forma mais clara a partir da calma e do afastamento da multidão.

XV.* A riqueza da natureza é limitada e fácil de adquirir. Mas a riqueza das opiniões vazias decai no infinito.

XVI. Ao sábio, o acaso se insinua brevemente, pois as maiores e as mais importantes coisas a razão tem governado e, ao longo da duração do tempo da vida, governa e governará.

XVII.** O justo é o mais imperturbável, o injusto está repleto das maiores perturbações.

XVIII. Não aumenta na carne o prazer quando, de uma vez por todas, é suprimida a dor da necessidade, mas ele apenas varia. O limite do prazer da inteligência nasce da consideração dessas próprias coisas ou das coisas desse gênero, as quais preparam para a inteligência os maiores medos.

(cont.) antigos, tais como o furacão, os terremotos etc. Hoje, sabemos que mais devemos nos preocupar com os homens e absolutamente não com a natureza no sentido moral. Para os fenômenos referidos, deles cuidam as ciências tanto quanto isso é possível.

* Sentença vaticana número 8.

** Sentença vaticana número 12.

XIX.* O tempo infinito traz um prazer igual ao do tempo limitado se, qualquer que seja esse prazer, os limites forem medidos pelo raciocínio.**

XX. A carne considera que são ilimitados os prazeres e o prazer ilimitado requer o tempo ilimitado. Mas a inteligência, fazendo o exame do fim e do limite da carne, liberta totalmente do medo da eternidade, proporcionando a melhor existência. E ninguém, além disso, necessita do tempo infinito. A inteligência não expulsa o prazer e nem, quando as circunstâncias preparam o momento de deixar a vida, acaba como se algo da melhor vida ficasse para trás.

XXI. Aquele que examina os limites da vida sabe que é fácil adquirir aquilo que elimina a dor nascida da necessidade e o que estabelece toda a vida de forma completa. De maneira que a ninguém é necessário fundamentar as ações sobre aquilo que traz a angústia.***

---

* Sentença vaticana número 22.

** O recado é direto: não se deve lamentar a morte imaginando-se os prazeres perdidos ou as coisas belas deixadas para trás. A razão lembra a condição mortal dos homens: acabarão tanto as coisas ruins como as boas, e as gerações sucessivas testemunham que os homens se repetem em suas dores e alegrias.

*** Trata-se de um aviso aos cegamente persistentes: perseguir o impossível ou insistir no que resiste tenazmente traz a agonia da luta.

XXII. É necessário pensar, com toda a clareza, o propósito daquilo que é suposto, para que seja reexaminado o que estamos imaginando. Caso contrário, tudo resultará cheio de confusão e perturbação.

XXIII. Se você lutar contra todas as sensações, não terá um referencial para julgar nem mesmo aquelas que você diz serem falsas.

XXIV. Se você simplesmente rejeita uma sensação e não distingue o que está sendo opinado, e espera confirmação do que já está presente na sensação, nas afecções e toda a fantasia lançada pela inteligência, você confundirá o restante das sensações com o frívolo opinar, de forma que rejeitará, ao mesmo tempo, a capacidade de julgamento. E, se nas ideias aptas a constituir uma opinião, ao mesmo tempo você assegura o que está esperando confirmação e aquilo que não testemunha a verdade, você então não abandonará o que está te enganando, bem como conservará o desacordo por todo o processo que determina o que está e o que não está correto.

XXV. Se em toda oportunidade você ainda não atém cada uma das ações ao propósito da natureza, mas se volta, quer para a fuga dela, quer para a perseguição de outra coisa, para você as palavras estarão separadas das ações.*

---

* Na economia do pensamento de Epicuro, a natureza deve reger as palavras, os pensamentos e as ações dos homens.

XXVI. Desnecessários são os desejos que não fazem retroceder a dor caso não sejam completamente satisfeitos; ao passo que é fácil saciar o apetite que os provoca quando é difícil conseguir a coisa desejada ou quando parecem produzir algum dano.

XXVII.* De todas as coisas que a sabedoria prepara para a vida mais feliz, a maior é a aquisição da amizade.

XXVIII. O mesmo julgamento que assegura que não há nada de terrível naquilo que é eterno ou de longa duração, observa que a segurança dos tempos sazonais se realiza completamente na amizade.

XXIX.** De todos os desejos, alguns são naturais e necessários, e outros são naturais, mas não necessários, e outros não são nem naturais nem necessários, mas nascem da opinião vazia.

XXX. Demandam um grande esforço os desejos naturais que não fazem recuar a dor se não forem satisfeitos; eles nascem da opinião vazia e não se dissipam pela própria natureza, mas acabam na opinião vazia do homem.***

---

* Sentença vaticana número 13.

** Sentença vaticana número 20.

*** Mesmo os desejos naturais têm limitações. Aqui, lembremos especificamente do desejo sexual, tão combatido por Epicuro, pois os homens costumam confundir o apetite sexual com o amor, e esse traz problemas muito maiores, como a ilusão de que sua satisfação representa a felicidade. E, além disso, ele poderia ser superado, segundo o mestre, com atividades extenuantes ou uma caminhada.

XXXI. Aquilo que é justo, de acordo com a natureza, simboliza que é apropriado não prejudicar um ao outro nem ser prejudicado.

XXXII. Nada era justo ou injusto para os seres vivos que não foram capazes de fazer um acordo de não prejudicar um ao outro e nem ser prejudicado; e igualmente para todos os povos que não foram capazes ou não quiseram fazer o acordo de não prejudicar um ao outro, nem ser prejudicado, nada era justo ou injusto.*

XXXIII. A justiça não existe em si mesma, porém, voltando-se os homens uns aos outros, em lugares de qualquer tamanho e em qualquer tempo, sempre fazem um acordo sobre não prejudicar ou ser prejudicado.

XXXIV. A injustiça não é um mal em si mesmo, mas, a quem pratica coisas injustas, coloca a assustadora dúvida acerca da possibilidade de escapar de quem será enviado para puni-las.

XXXV.** Não é possível que alguém que viole secretamente o acordo entre os homens de não prejudicar nem ser prejudicado acredite que passará sem ser notado e que, por 10 mil vezes, passaria despercebido pelos presentes e que até a sua morte passará sem ser notado.

---

* Ou seja, o justo em Epicuro equivale ao que foi acordado como tal entre os homens ou "seres vivos".

** Sentença vaticana número 6.

XXXVI. Segundo o que é comum, a todos o justo é o mesmo, pois existe alguma coisa de conveniente uns aos outros em viver em comunidade; mas segundo as particularidades das regiões e das suas condições, quaisquer que sejam elas, a todos o justo não é o mesmo.*

XXXVII. Entre as coisas que as leis prescrevem como justas, carregam as características do justo aquelas cuja utilidade se confirma na prática da vida em comum, quer sejam elas as mesmas coisas para todos os homens, quer não. Se alguém estabelece uma lei sem levar em conta sua utilidade para a comunidade dos homens em suas relações recíprocas, essa lei não terá a natureza do justo. E mesmo se o útil conforme ao justo vier a mudar, durante certo período de tempo ele permanecerá em acordo com a noção geral** do justo, e nesse tempo de transição nada será menos justo àqueles que não perturbam a si mesmos com palavras vazias, mas olham as realidades das coisas, do que a prevalência dessa noção geral ou comum.

XXXVIII. Onde não acontecem novos fatos sociais

---

* A melhor forma de interpretar essa última frase é entendendo que a ideia do justo varia entre as regiões e os diferentes aglomerados humanos, não que, nesses próprios aglomerados, exista um desacordo sobre aquilo que é justo, aparecendo então mais de uma ideia acerca do que é a coisa justa.

** Literalmente: prénoção. Vide a apresentação para maiores explicações acerca da posição e da importância do termo na teoria do conhecimento de Epicuro.

parece que, na prática, as coisas colocadas como justas pelas leis não se harmonizam com a noção comum do justo, se essas coisas não são justas; mas onde acontecem novos fatos, não mais são úteis as coisas colocadas como justas; na verdade, onde há pouco existia a justiça,* havia a utilidade de tais coisas na comunidade de concidadãos, mas no dia de amanhã, não mais havendo a utilidade, a justiça deixará de existir.

XXXIX. Aquele que está firmemente resoluto em relação à perturbação que vem de fora,** das coisas que podem ser se faz um aliado, e daquilo que não pode ser não se faz um inimigo; não podendo ser assim, ele simplesmente torna-se sem relações com essas coisas e termina por descartar o que está envolvido com elas.

XL. Todos os que tiveram a possibilidade de dispor da maior segurança graças aos que estão ao seu redor, desse modo viveram uns com os outros da maneira mais agradável e desfrutando da maior das garantias. E, depois de compartilhar da mais plena intimidade, enfim, não se lamentaram em compaixão por quem, antes deles, partiu.

---

* No sentido geral, do justo.

** Isto é, de fora dele mesmo. As coisas exteriores ao indivíduo.

parece que, na prática, as coisas colocadas como

Sentenças vaticanas

É uma estranheza que um livro de um autor do século III a.C. receba o nome a partir de uma instituição civil e religiosa criada no século XX, o Estado do Vaticano, pelo Tratado de Latrão (1929).

Mas tal se deve ao fato de os papiros que trouxeram à luz pensamentos inéditos de Epicuro de Samos ao leitor moderno terem sido lá encontrados, naquela que se constitui em uma das maiores bibliotecas do mundo, a Biblioteca do Vaticano.

O mistério é saber como tais documentos foram parar ali, o que os especialistas da obra de Epicuro ainda não conseguiram revelar.

O título dado academicamente ao conjunto de frases encontrado é "Exortações de Epicuro", ou seja, frases que num tom imperativo ou convidativo conclamam alguém a alguma coisa. Mas o título informal ganhou tanta força ao longo da história que se sobrepôs ao acadêmico.

Quem revelou para o mundo a existência dos papiros, feito de inconteste importância para a historiografia do pensamento ocidental e, particularmente, para a filosofia, foi o alemão Karl Wotke, em 1888 (no décimo volume de *Wiener Studien*), o qual localizou e publicou as "Sentenças vaticanas" do manuscrito de número 1.950, o qual data do século XIV e que contém igualmente aforismos do imperador romano Marco Aurélio (121-180).

As sentenças têm essa forma enxuta de expressão ou são produtos da mutilação trazida pelo decorrer do tempo? Não é possível saber com segurança, contudo, suspeita-se que ambas as hipóteses possam ser verdadeiras, podendo tanto representar partes de um texto maior (como ocorre nas "Máximas capitais" relativamente à "Carta a Meneceu", por exemplo, na questão dos *Tetrafármakos* ou τετραφάρμακος*), quanto, por natureza, terem sido constituídas como sentenças ou máximas, posto que Epicuro desprezava a erudição vazia e uma máxima ou sentença tem o poder de comunicar diretamente a mensagem.

Certo é que treze das oitenta e uma sentenças já se encontravam nas "Máximas capitais". Outras cinco estão catalogadas também com o nome de discípulos de Epicuro, quais sejam: a de número 10 (fragmento 37 de "Metrodoro"), a de número 30 (fragmento 53 de "Metrodoro"), a de número 36 (fragmento 36 de "Hermarco"), número 47 (fragmento 49 de "Metrodoro") e número 51 (sem numeração, conhecida apenas como "Metrodoro"), perfazendo um total de dezoito, o que é importante para fins de verificação da autenticidade dos escritos, visto que a pluralidade de autores confirma a existência de uma referência bibliográfica. Desse modo, em frente à catalogação de algumas das sentenças aparecerá sua localização nas outras fontes

* Vide apresentação.

nas quais podem também ser encontradas, ou seja, "Máximas capitais", "Hermarco" e "Metrodoro".

Os temas das "Sentenças vaticanas" variam entre a felicidade - incluindo em seu espectro a dor e o prazer -, a moral, o divino, a natureza, a justiça e a amizade; a quantidade de sentenças dedicadas ao tema da amizade ou φιλία revela a importância desse sentimento - e dessa prática, principalmente - para Epicuro e os frequentadores do seu círculo. São nove sentenças que pensam o assunto, as de número 23, 28, 34, 39, 52, 56, 61, 66 e 78. Isso bem pode ser explicado pela forma de vida adotada por eles, o isolamento em uma comunidade que desejavam autárquica e que era uma autarquia tanto quanto a sociedade que a abrigava o permitia. Sabedor dessa condição, de que é necessário comungar com a alteridade e que essa comunhão deve se dar no nível mínimo de contato, Epicuro, segundo Renault, escreve em outra parte: Viver sozinho é se oferecer a um repasto de leões.* Por fim, as "Sentenças vaticanas" representam o resumo da arte de viver em sociedade ou conviver com outros homens, especialmente em tempos difíceis.

D.B.

* Precisamente: "Preocupe-se mais com aqueles com os quais você come e bebe e menos com aquilo que você come e bebe, pois sem amigos a vida é o repasto de um leão ou de um lobo", *in*: *Épicure, Marcel Renault*, Ed. Delaplane, Paris, Coleção Épiméthée, p. 129.

Sentenças vaticanas

1.* Aquele que é feliz e incorruptível não traz dificuldades a si próprio, nem as leva a outro além dele mesmo, de tal sorte que nem a cólera e nem a graça daí decorram conjuntamente. Mas ao fraco tudo se passa de tal maneira.

2.** A morte não é nada para nós; pois aquele que está morto nada sente, e aquele que nada sente, não é nada para nós.

3.*** De maneira contínua, a dor, na carne, não dura muito tempo. Por um lado, a dor extrema permanece pelo menor tempo, por outro, a dor que ultrapassa o prazer na carne durante muitos dias não persiste. E as dores das doenças que superlativamente resistem por muito tempo, levam mais prazer do que dor à carne.

4. Toda dor é desprezível. Pois a dor intensa traz uma pena breve no tempo, mas a dor que se prolonga na carne carrega um sofrimento débil.

---

* Máximas capitais I.

** Máximas capitais II.

*** Máximas capitais IV.

5.* Não é aprazível viver sem a prudência, a bondade e a justiça, e nem tampouco é prudente, bom e justo viver sem o prazer. Mas qualquer que seja esse viver, ele não exclui o viver prudentemente, de bom modo e justamente; não é esse o viver prazerosamente.

6.** Não é possível que alguém que viole secretamente o acordo entre os homens de não prejudicar nem ser prejudicado acredite que passará sem ser notado, e que, por 10 mil vezes, passaria despercebido pelos presentes e que até a sua morte passará sem ser notado.

7. Aquele que comete uma injustiça dificilmente escapa, mas é impossível acreditar que escapará de ser capturado.

8.*** A riqueza da natureza é limitada e fácil de adquirir. Mas a riqueza das opiniões vazias decai no infinito.

9. A necessidade é um mal. Mas a ninguém é necessário viver com a necessidade.

10. Lembre-se de que sua natureza é mortal e de que seu tempo de vida é limitado para ficar refletindo acerca da natureza infinita e o tempo de duração da vida e ficar olhando para as coisas que são, as coisas que serão e as coisas que já foram.****

---

* Máximas capitais V.

** Máximas capitais XXXV.

*** Máximas capitais XV.

**** "Metrodoro", fragmento 37.

11. Para muitos homens, a tranquilidade entorpece e o movimento provoca a raiva.*

12.** O justo é o mais imperturbável, mas o injusto está repleto das maiores perturbações.

13.*** De todas as coisas que a sabedoria prepara para a vida mais feliz, a maior é a aquisição da amizade.

14. Tendo nascido uma vez, não nasceremos de novo, mas é obrigatório que o tempo da vida não se repita; e você, não sendo lançado para o amanhã, alegre-se agora. Perece a vida que espera, e cada um de nós morre atarefado.

15. Assim como nós mesmos honramos os próprios costumes, se eles nos são úteis, e invejados ou não pelos outros homens, de maneira idêntica é necessário que honremos os costumes próximos a nós, se forem convenientes.

16. Ninguém, olhando diretamente para o mal, escolhe a ele, mas, diversamente, atraído por ele como se fosse o bem, escolhe um mal ainda maior.

---

* De duas formas pode ser entendida essa obscura sentença. A primeira expõe a maneira pela qual Epicuro percebia os homens de seu tempo, os quais balançavam entre a inatividade e o excesso de tarefas, e a segunda está ligada a uma "psicobiologia", se assim podemos dizer, ou a um modo de entender o comportamento humano a partir da sua natureza física.

** Máximas capitais XVII.

*** Máximas capitais XXVII.

17. Não é o jovem que pode ser considerado ditoso, mas o velho que belamente viveu. Pois o jovem, no auge de sua força, muito se afasta da sorte, errando sem destino certo. O velho, como em um porto, na velhice faz ancorar os bens que antes ele esperou na incerteza, protegendo-os pelo meio seguro da gratidão.

18. Suprimidas a visão, a reunião* e a vida em conjunto, elimina-se a paixão amorosa.

19. O velho que se esquece hoje do bem que lhe aconteceu ontem equivale a um recém-nascido.

20.** De todos os desejos, alguns são naturais e necessários, e outros são naturais, mas não necessários, e outros não são nem naturais nem necessários, mas nascem da opinião vazia.

21. Não se deve violentar a natureza, mas, persuadi-la. Nós a convenceremos satisfazendo os desejos necessários, os desejos naturais, não sendo eles prejudiciais, e repelindo de forma inapelável os desejos nocivos.

22.*** O tempo infinito traz um prazer igual ao do tempo limitado se, qualquer que seja esse prazer, os limites forem medidos pelo raciocínio.

23. Toda amizade é desejável em si mesma, mas ela encontra seu princípio na utilidade.

---

* Subentende-se a reunião com o objeto da paixão amorosa.

** Máximas capitais XXIX.

*** Máximas capitais XIX.

24. Em sonhos, não se recebe a natureza divina, nem é possível predizer o futuro, mas eles acontecem pelo fluxo dos simulacros.*

25. A pobreza, medida pelo propósito da natureza, é uma grande riqueza. Mas a riqueza sem limites é uma grande pobreza.

26. É necessário saber que o discurso longo e o breve convergem para o mesmo fim.

27. Das outras ocupações, com dificuldade elas se realizando, advém o fruto. Mas a prática da filosofia coincide com o agradável conhecimento; pois o desfrutar não vem depois do aprendizado; ao mesmo tempo, vêm o aprendizado e o desfrutar.

28. Não é necessário pôr à prova nem os que estão disponíveis para a amizade nem os que são lentos para ela. Mas é obrigatório expor-se ao perigo pela gratidão da amizade.

29. Pois eu, de minha parte, ao usar da liberdade da palavra para a ciência da natureza, acho melhor profetizar o que é adequado a todos os homens, mesmo se ninguém estiver pronto para a compreensão, a receber os elogios da multidão, ao concordar com as opiniões que se produzem com frequência.

---

* O que é um simulacro para Epicuro? Vide apresentação. O sentido geral da sentença deseja desmentir as artes divinatórias e o pensamento místico.

30.* Alguns se preparam para a vida através da vida, não vendo ao mesmo tempo que, ao nascimento, sobre todos nós é vertido o remédio da mortalidade.

31. Em todas as outras coisas é possível obter a segurança, mas, relativamente à morte, todos os homens habitam em uma cidade sem muralhas.

32. A veneração do sábio é um grande bem para quem o venera.

33. A carne diz para não ter fome, não ter sede e não ter frio. Pois quem está privado de tais necessidades e espera tê-las sempre sob controle, rivalizaria com Zeus no quesito felicidade.

34. Não devemos escolher os amigos a partir da utilidade, mas confiar que eles serão úteis quando necessário.

35. Não é necessário desvalorizar as coisas presentes pelo desejo daquelas que estão ausentes, mas considerar que essas também são desejáveis.

36.** A vida de Epicuro, comparada à dos outros homens com respeito ao que é mais civilizado e também à autarquia, seria considerada um mito.

37. A natureza é fraca em relação ao mal; mas não em relação ao bem. Pois pelos prazeres ela é conservada, mas pelas dores, é destruída.

* "Metrodoro", fragmento 53.

** "Hermarco", fragmento 36.

38. É completamente insignificante o homem para o qual existem muitas causas razoáveis para deixar a vida.*

39. Nem é amigo aquele que sempre procura a utilidade, nem aquele que jamais a implica nas relações; pois o primeiro trafica a amizade, tendo como recompensa a gratidão, e o segundo afasta a boa esperança do que está prestes a acontecer.

40. Aquele que diz que tudo acontece por necessidade nada tem a reclamar daquele que fala que nem tudo acontece por necessidade. Pois ele mesmo diz que isto acontece por necessidade.

41. É necessário ao mesmo tempo rir, filosofar, administrar a casa e usar o restante das coisas apropriadas e de maneira alguma cessar de dizer as máximas da reta filosofia.

42. O mesmo tempo é tanto o da gênese do maior bem como o da destruição.

43. Amar ao dinheiro injusto é uma impiedade, e amar ao dinheiro justo, vergonhoso; pois é indecoroso mesquinhamente economizar, mesmo nos limites da justiça.**

44. O sábio, julgando as coisas necessárias, é capaz de dar mais do que receber em troca, pois ele descobriu o imenso tesouro da autossuficiência.

---

* Trata-se da condenação explícita do suicídio por parte de Epicuro.

** Temos aqui uma crítica à avareza e à ilegalidade enquanto afronta ao divino, não simplesmente ao crime.

45. Nem os fanfarrões, nem os manipuladores da palavra, nem aqueles que fazem exposição da cultura invejada pela multidão apontam a preparação para a ciência da natureza; quem assim o faz são os altaneiros, os autossuficientes e voltados para os bens apropriados, que não muito se orgulham dos assuntos circunstanciais do cotidiano.

46. As coisas ruins da vida em sociedade, como os homens perversos que durante muito tempo causam grande prejuízo, nós devemos expulsar completamente.

47.* Eu termino antes de você, ó fortuna, e medito acerca de todas as suas introduções furtivas. E nem a você e, de modo algum, a nenhuma outra vicissitude nós nos daremos como cativos. Mas quando for necessário partir, dando um grande escarro na vida e naqueles que a ela se agarram frivolamente, nos afastaremos com um belo canto solene consagrando que nós bem vivemos.

48. Na próxima vez tentemos fazer melhor do que na ocasião anterior, assim procedendo até que estejamos no caminho. E quando tivermos chegado ao limite, igualmente nos alegremos.

49.** Não haveria o medo da libertação das coisas mais importantes*** e não ficaríamos conjecturando acerca dos mitos se examinássemos a natureza

---

* "Metrodoro", fragmento 49.

** Máximas capitais XII.

*** Quais sejam, os fenômenos celestes, os atmosféricos e a morte.

em sua totalidade; assim, sem a ciência da natureza não recuperaríamos os prazeres puros.*

50.** Nenhum prazer é um mal em si mesmo; mas determinados prazeres são produzidos por coisas que trazem consigo muito mais perturbações do que prazer.

51.*** Ouço você dizer que a mais profunda perturbação na carne o coloca em tal disposição de ânimo que demanda que se entregue aos prazeres do amor. Mas desde que você não desrespeite as leis, nem abandone os bons costumes, nem aos vizinhos cause alguma aflição, nem a carne dilacere e nem as coisas necessárias desperdice, faça o que está de acordo com sua vontade. Seguramente, é impraticável não estar entre essas coisas pelo menos um impedimento; pois os prazeres do amor jamais são comprados sem que a afeição seja prejudicada.

52. Como um arauto, a amizade percorre as casas convocando a todos nós para que nos levantemos a fim de celebrar a felicidade.

53. Não é preciso invejar a ninguém; pois os bons não merecem a inveja, e os maus, quando muito prosperam, da mesma forma muito corrompem a si mesmos.

---

* Quais sejam, os prazeres simples e que se mantêm ligados à natureza, não aqueles que dela se afastam e são contaminados por pensamentos impuros ou equivocados.

** Máximas capitais VIII.

*** “Metrodoro”, fragmento 51.

54. Não se deve fingir a prática da filosofia, mas, de fato, filosofar. Pois não é necessário parecer que estamos saudáveis, mas estarmos saudáveis de verdade.

55. Devemos curar os infortúnios pela gratidão por aquilo que se passou e pelo reconhecimento de que é impossível desfazer o que foi feito.

56. O sábio certamente não sofre mais sendo torturado do que sendo torturado seu amigo.

57. Devido à incredulidade, sua vida toda será arruinada e ficará paralisada.*

58. É imperativo libertar a si mesmo das coisas ordinárias e da prisão dos negócios públicos.**

---

* Trata-se, possivelmente, do extrato de uma carta. O destinatário é desconhecido.

** E por que assim seria imperativo? Para dedicar o tempo à vida contemplativa ou de especulação filosófica para o aprimoramento do espírito. Ocorre que Epicuro vivia num tempo em que havia escravos para cuidar das coisas prosaicas e, dessa maneira, os homens "bem-nascidos", como ele mesmo, podiam se entregar exclusivamente às práticas que não remuneram para esta vida, mas libertam da ignorância e fazem evoluir o caráter. Entretanto, seu próprio tempo, o chamado período helenístico, testemunharia o aparecimento de "filósofos de meio período", isto é, pensadores que, oriundos de extratos sociais mais baixos, conciliaram uma atividade mundana com o "sublime" exercício da filosofia. O caso mais célebre talvez seja o do escravo liberto Epiteto. Consequentemente, a libertação pretendida por Epicuro pode ser entendida igualmente como a desvinculação da atividade intelectual do exercício das obrigações cotidianas.

59. O estômago não é insaciável, como diz o senso comum; a opinião que sustenta que o estômago não tem fundo é enganadora, pois ele é algo que pode ser saturado.

60. Toda pessoa vai embora da vida precisamente nas condições em que nasceu.

61. A visão dos que estão próximos é a mais bela, estando as primeiras famílias de acordo e fazendo um grande esforço para isso.

62. Sendo necessário que os pais se enfureçam com seus filhos, certamente é inútil resistir e não se deve suplicar perdão. Mas se não é necessário fazê-lo; sendo tal coisa irracional, muito ridículo seria inflamar ainda mais a cólera e não procurar seguir de perto outras maneiras de bem fazer o trabalho dos pais.*

63. Há também na simplicidade um limite, pelo qual alguém que dele se aproxima inadvertidamente é afetado tanto como aquele que dele se afasta indefinidamente.

64. Acompanhemos espontaneamente aquele que elogia os outros e, quanto a nós, cuidemos dos nossos.

65. É inútil rogar aos deuses aquilo que a si próprio você é capaz de providenciar.**

---

* Epicuro não se casou e nem teve filhos.

** Lembremos que para Epicuro os deuses, em sua perfeita beatitude, seriam surdos aos apelos humanos.

66. Simpatizemos com os amigos não os lamentando, mas pensando sobre eles.*

67. A vida livre** não é capaz de proporcionar muitas riquezas, porque isso não é fácil de ocorrer separadamente do salário da assembleia do povo ou dos governantes, mas ela conserva em abundância todas as coisas adquiridas. E se talvez uma grande riqueza acontecer, essa será facilmente distribuída para promover a benevolência dos vizinhos.

68. Nada é suficiente para quem o suficiente é pouco.

69. A ingratidão da alma torna o vivente ávido pelos infinitos modos do viver.

70. De nenhum modo faça em sua vida alguma coisa que lhe traga o medo acaso o vizinho dela tome conhecimento.

71. Para todos os desejos é necessário fazer esta pergunta: O que me acontecerá se eu, pondo-me a buscar o desejo, o realizar, e o que me acontecerá se não o realizar?

---

* Aqui está um caso em que a mera tradução não esclarece o que se quer dizer com precisão. Os autores modernos lembram que os amigos referidos na oração são os amigos mortos, então, a tradução ficaria: "Simpatizemos com os amigos mortos não os lamentando, mas pensando sobre eles".

** O que é uma "vida livre" para Epicuro? Uma vida longe dos assuntos públicos, ou, da política. Recordando que a referência não é propriamente o trabalho, tal como ele é entendido nos dias de hoje, já que para esse afazer "indigno" havia os escravos. Os homens "bem-nascidos" deviam se dedicar à política ou à guerra.

72.* É inútil procurar a segurança em relação aos homens desconfiando das coisas nos céus, das coisas colocadas sob a terra e, numa palavra, no infinito.

73. É vantajoso que aconteçam determinadas dores no corpo para que ele seja protegido de outras dores semelhantes.

74. Na discussão com o filólogo,** vence plenamente aquele que, sendo vencido, aprende.

75. Sobre as coisas boas vividas, diz a ingrata voz: Olhe o fim da longa vida.***

76. Você está envelhecendo do modo que aconselho, tendo também separado a sua maneira de filosofar da forma de filosofar da Grécia. Eu te congratulo.****

---

* Máximas capitais XIII.

** Obviamente não se entendia, no tempo de Epicuro, um filólogo como o estudioso das línguas em sua origem, vinculação a um ramo filológico etc., mas simplesmente como um "amigo das palavras", ou seja, alguém afeito a conversas e discussões sobre um assunto qualquer.

*** A ingratidão aqui se refere à desconsideração do fato elementar da vida: os homens são mortais. A única certeza que eles não podem desprezar desde o momento em que a sua consciência é formada.

**** A que modo de filosofar refere-se Epicuro? Ao modo da Academia de Platão e do Liceu de Aristóteles e a toda filosofia erudita e acadêmica. Epicuro nega, inclusive, as virtudes que essas possam ter. Os seus coetâneos, céticos e estoicos não estão excluídos desse desterro.

77. A liberdade é o maior fruto da autossuficiência.*

78. Aquele que nasce livre dedica-se, sobretudo, à sabedoria e à amizade; tendo, de um lado, um bem mortal e, do outro, um bem imortal.**

79. Aquele que está em paz consigo mesmo, aos outros também não perturba.***

80. Para o jovem, encontram-se na vigilância da juventude e na proteção contra todas as máculas que trazem os desejos extremados os pontos principais da sua preservação.

81. Nem a maior riqueza nem a honra e a consideração por parte da opinião pública ou alguma outra razão indeterminada liberta a alma das perturbações ou engendra o regozijo memorável.****

---

* Vide sentença de número 44.

** Incomoda, nessa sentença, a contradição entre o desejo de independência de Epicuro e seu servilismo à amizade, a qual, evidentemente, pode trazer dissabores. A pergunta: não seria preferível a sabedoria à amizade? Visto que a primeira traz a independência inclusive relativamente aos amigos? E como Epicuro pode falar em imortalidade, alguém para o qual não existia a transcendência, sendo a morte a dissolução do corpo e da alma em átomos que se dispersariam pelo cosmos? Trata-se de licença poética?

*** Note-se a semelhança com a máxima capital de número I.

**** O mundo moderno, para não dizer o mundo de todos os tempos, nada na contracorrente da tese de Epicuro: (cont.)

(cont.) o que lhe causa grande perturbação é exatamente a falta de dinheiro e o ostracismo social. A quem devemos atribuir razão e correção? A solução para o dilema parece se encontrar na desvinculação da paz de espírito, ou *ataraxia* (ἀταραξία), nos termos de Epicuro, de qualquer situação material e social.

Fragmentos

Os “Fragmentos” de Epicuro são aqueles textos escritos pelo filósofo que não se encontram no restante de sua obra sobrevivente ao tempo, ou aí também se encontram. Portanto, trata-se ou de textos inéditos ou repetidos nesse contexto, e, por outro lado, constituem-se em textos ou originais ou sobre os quais restam dúvidas por terem sido muito modificados ao longo dos tempos, os chamados “apócrifos”. E, sendo apócrifos, quem os teria escrito? Escribas e estudiosos do pensamento de Epicuro. E por qual razão considerar os textos apócrifos? Principalmente porque eles lançam luz sobre a obra do filósofo e também sobre os estudos acerca de sua obra.

Esses fragmentos foram recolhidos principalmente durante a Idade Média e suas fontes são estudiosos anônimos da obra epicurista ou célebres pensadores que mencionam Epicuro; por exemplo, Sexto Empírico, Plutarco, Diógenes Laércio, Filodemo, Bigogne e Gassendi, o mesmo matemático e filósofo francês que viveu entre 1592 e 1655, o primeiro homem a observar o percurso de um planeta (Mercúrio), ao longo do Sol, em 1631, confirmando a hipótese de Kepler.

Em uma edição canônica, cada um dos fragmentos é acompanhado da sua referência original, por exemplo, no nono fragmento, a referência é Filodemo, no décimo primeiro, Plutarco e no décimo terceiro, Sexto Empírico; dessa forma, um norte é oferecido aos que desejam se aprofundar nos estudos de Epicuro.

Os fragmentos não apresentam uma unidade de conjunto que facilite seu estudo, oferecendo múltiplos temas, desde a amizade até a justiça, e, se essa é sua desvantagem, a vantagem é que eles confirmam o pensamento do autor ao longo de sua obra, reafirmando ideias e dirimindo dúvidas. Por exemplo, nesses fragmentos de Epicuro encontramos a reprodução, com outras palavras, do conceito de uma sentença vaticana, a de número 68 (fragmento 69) e a reprodução fiel de duas sentenças vaticanas, as de número XIV (fragmento de número 47) e a de número LIV (fragmento 53). Ou seja, no terreno da historiografia, são mais documentos para a comprovação da existência de um autor e do modo de funcionamento de seu pensamento.

A tipificação dos códigos é dada na apresentação geral, então só resta dizer que não há dissonância entre as obras de Epicuro e seus fragmentos, e que existe uma novidade, a presença de um diálogo. E o que pode ser esse diálogo (fragmento V: "Banquete")? Uma retomada da forma e do tema do banquete socrático? Uma negação explícita da rejeição que Epicuro professava a todos os demais filósofos? Mais surpreendente é que o fragmento bem cabe em uma peça de teatro. Pois lá estão presentes duas marcações típicas da dramaturgia: 1. "Alguém interrompe"; 2. "Um pouco depois". O que seria uma contradição ainda maior para alguém que abominava o que chamava de cultura vazia.*

Por fim, a classificação latina dos fragmentos é mantida, a fim de respeitar a disposição dos compiladores dos textos originais, que tiveram o trabalho de recolher a obra dispersa ao longo da literatura e reuni-los em um corpo que mostra o sentido de seu conjunto, ainda que não apresentem unidade; além do valor individual que possuem e que, anteriormente, era conhecido por poucos que liam apenas este ou aquele pensador que cita o filósofo. Sem falar do esforço dos eruditos escoliastas em preencher as lacunas dos originais surgidas através da história devido à manipulação, ao transporte, ao armazenamento inadequado dos papiros e a outras causas imagináveis, como a ação de fungos e o desbotamento natural da tinta utilizada na escrita.

D.B.

---

* Esse poderia ser um dos fragmentos apócrifos, e integralmente apócrifo, uma introdução de um trecho completo na obra de Epicuro, e não apenas de palavras ou de enxertos que completam um parágrafo ou uma frase. Mas, tratando-se de fragmentos, provavelmente a dúvida permanecerá indefinidamente. O que parece estar distante de toda dúvida é o conteúdo filosófico da discussão que ele comporta, acerca de um tema muito caro aos gregos antigos: o vinho.

Fragmentos

Relíquias de determinados livros

I. Sobre escolhas e recusas

1. A ausência de perturbação na alma (*ataraxia*) e de dor no corpo (*aponia*) são prazeres estáticos, mas o regozijo e a alegria são considerados prazeres cinéticos.

II. Dificuldades

2. Alguém, sendo sábio, praticará uma ação proibida pelas leis, sabendo que não será punido? Não é fácil se livrar dessa dúvida.

III. Pequeno resumo

3. As profecias não existem, e se existissem, não dirigiriam os acontecimentos que nos dizem respeito.

IV. Contra Teofrasto

4. Entretanto, excetuado esse argumento, eu não sei como é possível alguém dizer que essas coisas, estando no escuro, possuem cores.

V. Banquete

5. Polyaenus: – Você não diria, ó Epicuro, que o vinho é um elemento aquecedor? (Alguém interrompe). Que o vinho se mostre incondicionalmente um produtor de calor?

   (Um pouco depois): Pois parece que o vinho não é incondicionalmente um produtor de calor. Porém, pode-se dizer que uma certa quantidade de vinho é capaz de produzir o calor.

6. Consequentemente, não se deve dizer que incondicionalmente o vinho é produtor de calor, mas que sua natureza é tal que também ele está disposto a, desta forma, se fazer um elemento aquecedor, ou, ao contrário, se fazer um elemento refrescante. Pois é possível a existência de tais aglomerados, se é necessário, a partir de um arranjo refrescante, que outros preparos de natureza refrescante sejam produzidos; uma vez que se enganam os que dizem que o vinho é incondicionalmente refrescante, e também os que dizem que o vinho é incondicionalmente um produtor de calor.

7. Porém, movimentando-se o volume e os corpos, fazendo a metástase ou mudança de composição, os átomos produtores do calor se dirigem conjuntamente para o corpo e, estando em grande número, oferecem a ele calor e inflamação, mas outros átomos o resfriam e o repelem.

8. A coexistência nunca é possível sem um preço a pagar, e, muitas vezes, a pessoa amada ainda lhe causa algum dano.

9. Será espantoso se você, não sendo impedido pela juventude, como você mesmo diz, alcançar por si mesmo, ainda que sendo jovem, grande celebridade pela força da retórica que possui, mesmo entre os homens velhos... Eu diria que é muito espantoso que em nada você seja impedido pela juventude de avançar na arte da retórica, a qual parece ser muito lenta e requerer prática; pois as ocupações do conhecimento, como você as têm, são obstruídas pela juventude. Consequentemente, seria mais apropriado dizer que a causa da ciência é lenta e requer prática.

VI. Sobre o fim

10. Eu, de minha parte, não consigo conceber o que vem a ser o bem, suprimindo-se os prazeres do paladar, do sexo, da audição e aquele causado pela visão das belas formas.

11. Estando a carne firmemente equilibrada e em relação a ela havendo uma verossímil esperança de que assim continue, a mais alta e segura alegria seremos capazes de ter em nossos pensamentos.

12. É preciso honrar o belo, as virtudes e as coisas semelhantes, se elas trazem o prazer; mas se não o trazem, é oportuno abandoná-las.

VII. Sobre a natureza

Livro I

13. A natureza de todas as coisas é composta de corpos e vazio.

14. A natureza de todas as coisas é composta de corpos e espaço.

Livro X

15. Pois nenhum outro elemento, à distância, é mais proporcional do que esse.*

Fragmentos de livros indeterminados

16. O átomo é corpo sólido do qual não participa o vazio; o vazio é natureza intangível.

17. Deixemo-lo para trás! Pois ele** faz aquele trabalho de arrogância sofisticada com as palavras, como também outros muitos dos escravos.

Fragmentos de cartas

18. Acaso pensem dessa forma, eles sobrepujam os males trazidos pela necessidade e pela pobreza.

19. Ainda que a guerra acontecesse, ela não seria tomada como um acontecimento terrível, sendo os deuses propícios. Ele foi levado a e levaria uma vida purificada na companhia de Matro,*** sendo favoráveis os deuses.

20. Diga-me, Polyaenus, você sabe precisamente qual tem sido a grande alegria para nós?

---

* Isto é, o Sol.

** Isto é, Nausífano.

*** Quem vem a ser Matro? Um poeta. Confira-se Bailly, p. 1230.

Cartas a múltiplos destinatários

Para os filósofos em Mitilene.

21. Essas coisas lhe trouxeram tal fúria que a mim ele insultou e chamou de "professor".

22. Eu suspeito que aqueles roncadores me tomassem como uma estudiosa dos pulmões, ouvindo o que ele dizia acompanhada daqueles jovens beberrões. Por outro lado, aquele homem era uma coisa ruim e as suas práticas não podiam conduzir à sabedoria.

Cartas para um destinatário determinado

Para Anaxarco.

23. Eu o invoco para os prazeres contínuos e não às virtudes vazias e inúteis, as quais perturbam a esperança dos bons frutos.

*Para Apeles.**

24. Eu te felicito, ó Apeles, porque purificado de todos os maus tratos, à filosofia você se lançou.

Para Temista.

25. Eu seria capaz de, se vocês não viessem a mim, rolar com uma velocidade tripla, onde quer que vocês estivessem e, pedindo Temista, me unir a vocês.

Para Idomeneu.

26. Em seu próprio favor e de seus filhos, envie-nos oferendas para o cuidado do corpo sagrado; foi dessa forma que me ocorreu dizer isso.

---

* Pintor célebre ao tempo de Epicuro.

27. Você, que considera agradáveis todos os caprichos daquele jovem...

28. Se você quer tornar Pítocles rico, não lhe dê riquezas, mas subtraia seus desejos.

29. Não zelaremos pela autossuficiência a fim de usarmos sempre do que é simples e frugal. Porém, a fim de que, em relação a essas coisas, obtenhamos confiança.

30. Dessa maneira, eu descrevo a você o dia feliz ao qual fui conduzido e que, ao mesmo tempo, termina a minha vida. A estrangúria, além da disenteria, segue de perto uma dor superlativa que não abandona sua própria grandeza; contra tudo isso, na alma oportunamente eu me recordo dos nossos diálogos passados. E você é digno, por sua devoção de juventude, a mim e à filosofia, de cuidar dos filhos de Metrodoro.

Para Colótes.

31. Para venerá-lo, as palavras ditas por nós a você expressaram um desejo que não se pode explicar por causa natural, o qual se apoderou de nossos joelhos por uma ação subjugadora e todos, da maneira habitual, nos ligamos a algumas das coisas veneráveis e simples. Então você nos consagrou e venerou em retribuição.

Siga seu caminho como um imortal e pense em nós também como imortais.

Para Leontion.

32. Cante-se ao senhor, mais caro amigo Leontion, pois um aplauso ensurdecedor nos encheu ao lermos sua pequena missiva.

Para Pítocles.

33. Eu te suplico, ó bem-aventurado, em sua embarcação veloz, fuja de toda educação.

34. Eu ficarei imóvel esperando a sua desejável e divina entrada.

Epístolas a destinatários incertos

Para um menino ou uma menina.

35. Tendo chegado a Lâmpsaco* sãos e salvos, eu, Pítocles, Hermarco e Ctesipos, ali descobrimos que também estavam a salvo Temista e o resto dos amigos. E bem faz você se, estando a salvo, juntamente com sua mãe, obedece fielmente a seu pai e a Matro, da maneira como o fazia antes. Pois você bem deve saber a causa pela qual eu e todos os outros gostamos muito de você: porque você nos obedece incondicionalmente.

Epístola dos dias finais.

36. Pois neste sétimo dia, quando escrevo esta carta, não se retira a urina em mim nem um pouco e as dores existentes ao dia final me conduzem. Consequentemente você, isso acontecendo, cuide dos filhos de Metrodoro por quatro ou cinco anos, de forma alguma gastando mais do que agora dispende comigo durante o período de um ano.

Fragmentos de cartas desconhecidas.

37. Incha-se o corpo de prazer usando pão e água, e cuspo naqueles prazeres custosos que não

---

* Cidade litorânea localizada na confluência do mar Egeu com o mar de Mármara, hoje na costa ocidental da Turquia.

chegam por meio dessas, mas por meio das coisas que seguem de perto o que é difícil de obter.

38. Então cuide também, como a você eu disse quando você partia, do irmão Apolodoro. Pois ele não é ruim, mas me traz preocupação quando faz alguma coisa sem realmente querer fazê-la.

39. Envie-me um pequeno pote de queijo, para que eu possa fazer um banquete, quando assim o deseje.

40. Maravilhosa e magnificamente você nos enviou os víveres pertinentes aos cuidados com a alimentação e, como um sinal dos céus, mostrou benevolência para comigo.

41. A contribuição era...que os discípulos enviassem para mim, mesmo aqueles que se encontram entre os hiperbóreos; somente isso eu pedi. Assim sendo, de cada um de vocês dois eu quero o pagamento de apenas 120 dracmas por ano.* Ctesipos me trouxe a contribuição anual enviada em favor de seu pai e de você mesmo.

42. Valioso será o retorno da educação que eu mesmo lhe dei.

43. Eu jamais cuidei de satisfazer à opinião da maioria. Pois aquilo que à opinião da maioria satisfazia,

* Segundo a mitologia, os hiperbóreos eram um povo que habitava a extremidade setentrional da terra, além do vento norte, numa região constantemente ensolarada, onde se viveria até mil anos, em completa virtude e felicidade. Quer dizer, aqui não se abre exceção a ninguém sobre a quantia reclamada.

eu desconhecia, e aquilo que eu conhecia, estava longe da percepção da maioria.

44. Não se pode explicar por uma causa natural que a alma grite quando grita o corpo. A voz da carne fala: não tenha fome, não tenha sede, não tenha frio. E essas coisas para a alma é difícil de impedir, e perigoso para ela é desobedecer ao apelo da natureza, visto que isso pode impedir o crescimento da sua autossuficiência no dia a dia.

45. Aquele que acompanha a natureza e não as opiniões vazias, em tudo é autossuficiente; pois em relação ao que é suficiente por natureza, tudo o que se possui é riqueza, mas para os desejos ilimitados, a maior riqueza não é a riqueza, mas a pobreza.

46. Você está em tão grande dificuldade porque se esqueceu do que é estar em dificuldades de acordo com a natureza, a si mesmo trazendo medos e desejos ilimitados.

47. Tendo nascido uma vez, não nasceremos de novo, mas é obrigatório que o tempo da vida não se repita; e você, não sendo lançado para o amanhã, alegre-se agora. Perece a vida que espera, e cada um de nós morre atarefado.*

48. É melhor para você estar deitado tranquilo sobre uma cama de palha, do que, perturbado, possuir um sofá de ouro e uma mesa farta.

* Sentenças vaticanas número 14.

49. ...Lembrando-me de uma carta sua e do diálogo no qual você discutiu sobre os homens absolutamente incapazes de ver tanto uma analogia entre os fenômenos e o invisível quanto alcançar a harmonia existente entre as coisas sensíveis e as coisas invisíveis, e novamente contradizendo...

50. Doce é a memória do amigo morto.

51. Não se furte a praticar pequenos atos de caridade, pois, dessa forma, você parecerá destinado às grandes realizações.

52. Suplicando o inimigo, não o julgue digno de rejeição, mas se coloque em lugar seguro, pois ele em nada difere de um cão.

Fragmentos de fontes incertas

Da sabedoria e do sábio

53. Não se deve fingir a prática da filosofia, mas, de fato, filosofar. Pois não é necessário parecer que estamos saudáveis, mas estarmos saudáveis de verdade.*

54. Vazia é a palavra daquele filósofo que não cura nenhum mal do homem; pois como a medicina não ajuda em nada se não liberta o corpo das doenças, da mesma forma é inútil a filosofia, se ela não expulsa da alma as afecções.

Física

55. Tomado o tempo infinito como referência, não

* Sentenças vaticanas número 54.

há nada de estranho entre todas as coisas que já aconteceram.*

56. Não pensemos que eles são mais felizes e indestrutíveis, não falando nem dialogando uns com os outros, mas que se assemelham a surdos-mudos, agindo dessa maneira.

57. Ao menos sacrifiquemos piedosa e belamente de acordo com a tradição, e corretamente façamos todas as coisas de acordo com as leis, não transtornando a nós mesmos com as opiniões acerca dos melhores e mais solenes.** E, ainda, afastemo-nos das opiniões daqueles que nos julgam, pois dessa maneira a vida natural é admitida...

58. Se deus atendesse às preces dos homens, mais rapidamente todos eles seriam destruídos, pois repetidamente eles suplicam para que aconteçam muitas coisas ruins uns aos outros.

Ética

59. O princípio e a raiz de todo bem é o prazer do estômago; mesmo a sabedoria e as coisas em torno dela o têm como referência.

60. Temos necessidade do prazer e, quando ele não está presente, sofremos por sua causa. Mas quando não sofremos, ainda que estejamos em

---

* Mas também assim poderia ser traduzido o período, desconsiderando-se a literalidade: Não há nada de novo sob o sol.

** Provável referência aos deuses.

condições de sensibilidade, então absolutamente existe a necessidade do prazer; pois o prazer saído da natureza não produz o perverso, ao contrário do que acontece com o desejo surgido a partir das opiniões vazias.

61. A insuperável alegria se dá por ela mesma quando expulsamos um grande mal; e a natureza do bem é essa, se corretamente a seguimos, e por ela nos deixamos tomar, e não frivolamente vagamos por aí tagarelando acerca do que vem a ser o bem.

62. É melhor suportar algumas dessas dores, de maneira que prazeres maiores sejam desfrutados; e, ao mesmo tempo, tolerar a abstinência de alguns dos prazeres, a fim de não sofrer dores ainda mais profundas.

63. De modo algum a carne é a responsável por nossos grandes males, nem a nossa dedicação às atividades cotidianas é a culpada por nossas dificuldades.

64. As dores agudas terminam em pouco tempo e as dores crônicas não comportam gravidade.

65. A dor extrema une-se à morte.

66. O amor à verdadeira filosofia liberta de todo desejo perturbador e penoso.

67. Agradeçamos à bem-aventurada natureza, que dispôs as coisas necessárias em um modo fácil de adquirir, e as coisas difíceis de adquirir, não são necessárias.

68. Não é raro encontrar um homem pobre em relação ao entendimento do propósito da natureza e rico de opiniões vazias. Pois nenhum dos insensatos está satisfeito com aquilo que tem, e, além disso, o que eles não têm lhes causa dor. Então, da mesma forma que aqueles que têm febre devido ao mau caráter da doença sempre têm sede e desejam as coisas mais inapropriadas, os que possuem a alma disposta de maneira negativa sempre estão empobrecidos em todas as coisas e de muitos modos são capturados pelo desejo descontrolado.

69. Nada é suficiente para quem o suficiente é pouco.*

70. A autossuficiência é a maior de todas as riquezas.

71. Aquele que muito teme o modo de vida simples, pelo medo é levado a ações que provavelmente produzirão o medo.

72. Muitos homens, tornando-se ricos, não descobrem um modo de escapar dos males e, ao contrário, os transformam em males ainda maiores.

73. Do trabalho das bestas de carga uma grande riqueza é acumulada, mas, ao mesmo tempo, ele faz nascer uma vida miserável.

74. Alguém pode se desgraçar ou pelo medo ou pelo desejo vazio e sem limite; mas esse alguém pode pôr um freio a essas ameaças, proporcionando a si mesmo o cálculo sobre a felicidade.

---

* Virtualmente equivalente à sentença vaticana número 68.

75. A privação dessas coisas não representa a dor, mais difícil é suportar a dor inútil das opiniões vazias.

76. A alma abjeta esbanja os dias felizes e chega ao fim em um desenlace infeliz.

77. A natureza ensina a pensar que as coisas que acompanham o acaso são de pouca relevância, e nós, sendo bem afortunados, devemos saber que, ao final, somos desgraçados, e sendo desgraçados não somos afortunados verdadeiramente, devendo receber sem excitação os bens que acompanham a sorte, posto que esses não representam a excelência, e nos colocar contra aquelas coisas que parecem ser ruins; pois como efêmeros são o bem e o mal tal como os julga a multidão, a sabedoria, de modo algum, se associa ao acaso.

78. Nada devendo para o dia de amanhã, preparamos o mais doce amanhã.

79. Eu cuspo no que é belo e naqueles que de forma vã se maravilham com ele, quando, de modo algum, o belo produz o prazer.

80. A tranquilidade é o maior fruto da justiça.

81. As leis são instituídas graças aos sábios, não de modo que eles não cometam a injustiça, mas para que não sejam injustiçados.

82. Eles poderiam escapar, mas ter a certeza de que continuariam ocultos, não é possível; uma vez que o medo sempre se encontraria naquilo que

está prestes a lhes acontecer, e, por outro lado, não seria possível se livrar da preocupação em relação às coisas presentes.

83. Aquele que atingiu o propósito da raça humana semelhantemente é notável, ainda que ninguém mais esteja presente neste posto extraordinário.

84. Não é destemido quem parece ter medo.*

85. Aquele que é feliz e bem-aventurado não necessita de muito nem se ocupa com demasiados afazeres e nem possui poderes ou cargos; todavia, com doçura e ausência de pesar enfrenta suas paixões e com disposição de alma se autodetermina segundo a natureza.

86. Viva secretamente.

87. É necessário dizer como perfeitamente observar o propósito da natureza, e como alguém que procede espontaneamente se aproxima do seu princípio, não se deixando guiar pelos princípios da opinião pública.**

---

* Bailey traduz mais livremente: "Não é destemido quem provoca o medo".

** Bailey assim o traduz: "Devemos dizer a melhor maneira pela qual um homem manterá o propósito natural da vida, e como ninguém voluntariamente terá como primeiro objetivo um cargo público".

Breve glossário de termos epicuristas

acaso – sorte, fortuna.

aponia – ausência de dor, falta de energia, frouxidão.

apreensão – o movimento de captura de uma ideia realizado pela razão ou pela inteligência.

ataraxia – calma, tranquilidade, ausência de perturbação.

átomo – unidade mínima e indivisível a partir da qual os corpos perceptíveis pelos sentidos são constituídos. Não cortado, indivisível.

autarquia – autossuficiência, independência, estado daquilo que basta a si mesmo.

cânon – parâmetro de medição, regra, régua.

confirmação – afirmação da prenoção, *prolepsis* ou hipótese. Critério de verdade que permite dar à opinião o status de evidência e assegurar que existe coincidência entre a sensação e a prenoção.

dor – dor física, aflição, pena, tristeza, trabalho, fadiga, sofrimento físico e moral.

evidência – visão clara e distinta, clareza. A percepção sensível e direta que está no fundamento da teoria do conhecimento de Epicuro.

felicidade – bem-aventurança.

fisiologia – ciência da natureza ou da fisiologia.

infirmação – a não negação da hipótese.

natureza – modo de ser das coisas.

necessidade – destino, sorte, miséria.

opinião – parecer, juízo, crença. Mais frequentemente utilizada como sinônimo de conhecimento incerto, falsa opinião.

prazer – gozo, paixão.

prazer cinético – por sua atividade, prazer dito como oriundo do movimento, tal como a alegria e o regozijo para a alma, e o prazer de saciar a sede para o corpo.

prazer estático – aquele obtido por meio de estados de sensibilidade ou de alma, como os oferecidos pela *aponia* e pela *ataraxia*, a tranquilidade, a paz etc.

prenoção – a primeira noção ou ideia que se tem de algo antes que seja confirmada, seja pela razão, seja pelos sentidos.

prudência – pensamento, inteligência divina.

simulacro – cópia de um objeto material que atinge os sentidos e os informa acerca da sua existência, é composta de partículas atômicas mais sutis do que os objetos em seu estado natural.

Bibliografia

De Epicuro:

Máximas principais. Trad. João Carlos Kfouri Quartim de Moraes. São Paulo: Loyola, 2010.

Sentenças vaticanas. Trad. João Carlos Kfouri Quartim de Moraes. São Paulo: Loyola, 2014.

Os pensadores: excertos. Trad. Agostinho Silva. São Paulo: Abril Cultural, 1985.

Carta sobre a felicidade. Trad. Álvaro Lorencini e Enzo Del Carratore. São Paulo: Unesp, 1999.

The Extant Remains. Trad. Cyril Bailey. Oxford: Clarendon Press, 1926.

Épicure: Lettres et Maximes. Trad. Marcel Conche. Paris: Presse Universitaire de France, 1987.

Épicure: Lettres, Maximes, Sentences. Trad. Jean-François Balaudé. Paris: Librairie Générale Française, 1994.

Cartas, máximas e sentenças. Trad. Gabriela Baião. Lisboa: Sílabo, 2009.

Obras completas. Trad. José Vera. Madri: Cátedra, 2004.

Sobre Epicuro:

Aristóteles. *Ética a Nicômaco*. Trad. Mário da Gama Cury. 4. ed. Brasília: UNB, 2001.

Baslez, Marie-Françoise. *Histoire politique du monde grec antique*. Paris: Nathan Université, 1994.

Descartes, René. *Correspondance*. Org. Charles Adam e Paul Tannery. Paris: Vrin, 1989.

Droysen, Johann Gustav. *Alexandre, o Grande*. Trad. Regina Schopke. Rio de Janeiro: Contraponto, 2010.

_____. *Histoire de L'Hellénisme*. Paris: Robert Laffont, 2003.

Farrington, Benjamin. *A doutrina de Epicuro*. Trad. Edmond Jorge. Rio de Janeiro: Zahar, 1967.

Gassendi, Pierre. *Vie et mœurs d'Epicure*. Trad. Sylvie Taussig. Paris: Alive, 2001.

Green, Peter. *Alexander of Macedon: A Historical Biography*. Berkeley: University of California Press, 1991.

_____. *Alexander to Actium: the Historical Evolution of the Hellenistic Age*. Berkeley: University of California Press, 1990.

Laertius, Diogenes. *Life of Eminent Philosophers*. Trad. Robert Drew Hicks. London: Loeb, 1925.

Lévy, Carlos. *Les Philosophies Hellénistiques*. Paris: Librairie Génerale Française, 1997.

Long, A.A. *Hellenistic Philosophy: Stoics, Epicureans, Sceptics*. Berkeley: University of California Press, 1986.

Momigliano, Arnaldo. *Filippo, il macedone (Saggio sulla storia greca del IV secolo a.C.)*. Turim: Guerini e Associati, 1987.

Moreau, Joseph. *Stoïcisme, Épicurisme, tradition hellénique*. Paris: Vrin, 1979.

Nizan, Paul. *Les Matérialistes de l'Antiquité: Démocrite, Epicure, Lucrèce*. Paris: Sociales Internationales, 1938.

Robin, Léon. *La pensée hellénique, des origines* à *Epicure*. Paris: PUF, 1942.

Sêneca. *Da vida feliz*. Trad. João Carlos Cabral Mendonça e Mariana Sérvulo Cunha. São Paulo: WMF, 1996.

_____. *Sobre a brevidade da vida*. Trad. Lucia Sá Rebello e Ellen Itanajara Neves Vranas. Porto Alegre: L&PM, 2006.

lepmeditores
www.lpm.com.br
o site que conta tudo

IMPRESSÃO:

PALLOTTI
GRÁFICA

Santa Maria - RS | Fone: (55) 3220.4500
www.graficapallotti.com.br